Myron Rush

Erfolg im Unternehmen – der biblische Weg

MYRON RUSH

ERFOLG
IM UNTERNEHMEN
DER BIBLISCHE WEG

HARTER WETTBEWERB ● GRUNDLAGEN
DES ERFOLGS ● ERFOLG UND STRESS ●
GESCHÄFTSWELT UND MORAL ● WAHRE
ZIELE ● ROLLE DES GELDES ● ERFOLG
UND FEHLSCHLÄGE ●●●

Schulte & Gerth

Die amerikanische Originalausgabe
erschien im Verlag SP Publications, Inc., Wheaton, Illinois,
unter dem Titel „Lord of the Marketplace".
© 1986 by SP Publications, Inc.
© der deutschen Ausgabe 1990 Verlag Klaus Gerth, Asslar
Aus dem Amerikanischen übersetzt von Klaus Wagner

Wo nicht anders angegeben,
sind die Bibelzitate
der Schlachter-Übersetzung (AT) bzw. „Hoffnung für alle" (NT)
entnommen.

Best.-Nr. 15 129
ISBN 3-89437-129-3
1. Auflage 1990
Umschlaggestaltung: Wolfram S.C. Heidenreich, Mainz
Satz: Typostudio Rücker & Schmidt, Langgöns-Niederkleen
Druck und Verarbeitung: Ebner Ulm
Printed in Germany

Inhalt

Einführung

Was bedeutet es, ein christlicher Geschäftsmann, eine christliche Geschäftsfrau zu sein? Jahrelang dachte ich, es bedeutet, sein Geschäft *besser* zu führen als Nichtchristen. Diese Philosophie brachte mich zu der Einstellung, ich sei anderen in Geschäftsdingen überlegen, und ich legte mir eine regelrechte „Besser-als"-Haltung zu. Damit ich auch sicher ging, daß ich alles „besser als" die Gesamtheit der Nichtchristen machte, arbeitete ich hart. Ich hatte besser ausgebildetes Verkaufspersonal, bessere Produkte und die besten Bankauskünfte. Ich versuchte, mein Geschäft zu einem Aushängeschild zu machen, das besser war als das jedes Nichtchristen – schließlich war es ja mein „Zeugnis" für Gott.

Diese Philosophie scheint unter gewissenhaften christlichen Geschäftsleuten ziemlich verbreitet zu sein. Ich habe herausgefunden, daß viele das Bedürfnis verspüren, ihr Geschäft als Zeugnis für den Herrn zu gebrauchen. Aber diese Ansicht hat leider einen Haken.

Ein Geschäftsmann sagte einmal auf einem Managementseminar zu mir: „Ich pflege den Garten um mein Geschäftsgebäude besser als irgendein anderer Geschäftsmann in der Umgebung; das vermittelt den Leuten die Wertvorstellungen eines Christen."

Mag sein. Aber vielleicht vermittelt es auch nur, daß der Besitzer Freude am Gärtnern hat. Leider gehen wir nämlich das Risiko ein, späte Erben der Pharisäer zu werden, wenn wir uns die „Besser-als"-Haltung zu eigen machen, um Christi Zeugen zu sein.

Die Pharisäer waren die religiösen Führer ihrer Zeit. Sie kannten große Teile des Alten Testaments auswendig, und die Leute sahen in ihnen das Beispiel eines gottgefälligen Lebens.

Aber ihre ganze religiöse Philosophie basierte auf der Idee, daß sie ihre Sache „besser als" die anderen taten. Sie beteten besser als die anderen, sie fasteten besser, sie verstanden besser zu leben als die anderen.

Aber Matthäus zeigt, daß Jesus eine ganze Menge Zeit darauf verwandte, die Pharisäer wegen ihrer „Besser-als"-Einstellung und „Besser-als"-Taten zu verurteilen. An einer Stelle hielt er ihnen sogar vor, daß sie „alle ihre Werke nur deshalb tun, um sich vor den Menschen sehen zu lassen" (Matthäus 23,5).

Wenn wir also versuchen, für Christus dadurch zu werben, daß wir unser Geschäft „besser als" die Nichtchristen führen, riskieren wir, in die gleiche Falle zu laufen wie die Pharisäer. Sie legten nicht nur Wert darauf, alles besser zu machen als die anderen, sie wollten auch sicher gehen, daß die anderen davon *wußten*. Das Ergebnis war religiöser Stolz, sie rückten in erster Linie sich selbst in den Vordergrund und nicht Gott. Der „Besser-als"-Ansatz, Christi Zeuge in der Geschäftswelt zu sein, kann uns in die gleiche Lage bringen. Ich spreche aus Erfahrung. Ich habe es nämlich an mir selbst erlebt.

Noch ein anderes Problem muß erwähnt werden, das aus der „Besser-als"-Einstellung resultiert. Obwohl ich eigentlich biblische Grundsätze des Geschäftsgebarens deshalb praktizieren wollte, um ein Zeugnis für Christus zu sein, muß ich zugeben, daß ich es schließlich allein schon deshalb tat, weil ich dachte, es sei „gut fürs Geschäft". Verstehen Sie, als ich entdeckte, daß biblische Geschäftsprinzipien funktionierten, wollte ich sie dazu nutzen, mein Geschäft profitabler zu machen. Mein wirkliches Motiv war also, göttliche Grundsätze zum Erwerb von mehr irdischen Gütern anzuwenden.

Der Apostel Paulus kritisierte Leute, die versuchten, „aus dem Glauben an Jesus Christus Kapital zu schlagen und sich daran zu bereichern" (1.Timotheus 6,5). Er sagte, wer das Geld liebt, „hat den Verstand verloren" (1.Timotheus 6,4).

Diesem Bibelabschnitt können wir entnehmen, daß Gott offensichtlich nicht glücklich ist, wenn wir biblische Grundsätze dazu verwenden, in selbstsüchtiger Weise unsere eigenen Interessen zu verfolgen. Gott will, daß wir ihm deshalb gehorchen, weil wir ihn lieben, und nicht, weil wir ihn benützen wollen. Wenn wir die Bibel für schnöden Gewinn mißbrauchen, sind wir um nichts besser als die Pharisäer, von denen Jesus gesagt hat: „Diese Leute können schön über Gott reden, aber mit dem Herzen sind sie nicht dabei" (Markus 7,6).

Ein christlicher Geschäftsmann zu sein heißt nicht, alles „besser als" die Gottlosen zu machen. Es bedeutet nicht einmal unbedingt die Anwendung biblischer Prinzipien aufs Geschäft. Viele Leute wenden biblische Geschäftsprinzipien an, ohne je ihre Quelle anzuerkennen.

Was ist also das Entscheidende bei einer christlichen Geschäftsführung? Ein christlicher Geschäftsmann oder eine christliche Geschäftsfrau zu sein bedeutet für uns grundsätzlich, daß wir unseren Geschäften *anders* nachgehen als Nichtchristen. Das Anliegen dieses Buches ist es, diesen Unterschied aufzuzeigen.

MYRON D. RUSH
Präsident von
„MANAGEMENT TRAINING SYSTEMS"

1
Die Schlacht
um die Geschäftswelt

Don Skinner, Inhaber einer kleinen Elektronikfabrik, saß
mir am Tisch des Restaurants vis-à-vis. Er trug einen teu-
ren, erstklassig geschneiderten dreiteiligen Maßanzug – eigentlich sah alles an ihm teuer aus: seine auf Hochglanz po-
lierten Schuhe, das französische Seidenhemd, und selbst
die Füllfeder, mit der er die Zahlen seines letzten Abschlus-
ses auf einen Zettel kritzelte, war mit Brillanten besetzt.
Kurz, er war der erfolgreiche Geschäftsmann aus dem Bil-
derbuch.

„Myron", sagte er mit einem schüchternen Lächeln, „ich
weiß, daß einige der Leute in der Gemeinde vielleicht denken, ich sei unmoralisch, aber es stand einfach viel zuviel
auf dem Spiel."

Don setzte mir auseinander, daß er „gezwungen" gewesen sei, einen Einkäufer zu schmieren. Ein ganz großer Abschluß habe auf dem Spiel gestanden, er sei seit vielen Monaten hinter ihm her gewesen.

„Mir blieb praktisch keine andere Wahl", fuhr er fort.
„Die Konkurrenz hat versucht, mich auszustechen, um an
den Vertrag zu kommen. Der Kunde ist sogar zu mir gekommen und hat mir gesagt, er wolle lieber mit meiner Firma
abschließen, aber ich müsse das Angebot der Konkurrenz
unterbieten. Es war ein zu guter Deal, um ihn einfach so
durch die Lappen gehen zu lassen. Und so habe ich den
Mann geschmiert."

Je länger Don sprach, desto mehr kam er in die Defen-
sive. „Weißt du", sagte er – und seine Stimme verriet Frustration und Ärger –, „ich bin Geschäftsmann, kein Theologe. Du weißt selber, da draußen gilt das Gesetz des

11

Dschungels –, fressen oder gefressen werden! Trotzdem – ich sehe es nun einmal so, als Geschäftsmann ist es meiner Ansicht nach meine Aufgabe, das nötige Geld zu machen und damit die Gemeinde zu unterstützen. Je mehr Geld ich mache, desto mehr kann ich für Gottes Werk geben. Und ich bin sicher, daß es niemand zurückweist, wenn der Opferkorb herumgeht." Er kicherte sarkastisch.

Einige Minuten später änderte sich jedoch sein Ton. „Manchmal fühle ich mich in der Zwickmühle zwischen dem, was die Bibel lehrt, und dem, wie ich handeln muß, wenn ich mein Geschäft erfolgreich führen will", sagte er.

Nach dem Dessert und der letzten Tasse Kaffee sah mir Don gerade in die Augen und stellte die Frage, die mir den Anstoß zu diesem Buch gegeben hat: „Myron", fragte er, *„wie kann man ein guter Christ sein und zugleich ein guter Geschäftsmann?"*

Auf der Heimfahrt wurde mir bewußt, daß eine Vielzahl von Christen sich ebenfalls in der Klemme fühlen mußte beim Versuch, biblische Grundsätze in ihrem Geschäftsleben anzuwenden. Oft hatte ich auf meinen Managementseminaren in Amerika Geschäftsleute ähnliche Fragen stellen hören.

Don hatte recht: Da draußen ist jeder des anderen Wolf. Der Druck auf die Geschäftsleute ist heute größer denn je zuvor. Während wir einerseits nach besten Leistungen streben, verführen uns andererseits das wettbewerbsorientierte freie Unternehmertum und das kapitalistische System häufig zu Abstrichen und Kompromissen.

Das Resultat ist, daß sich sowohl Christen wie Nichtchristen oft in einer Situation wiederfinden, in der sie unter dem Namen „gute Geschäfte" Dinge tun, die sie in ihrem Privatleben unter gar keinen Umständen in Betracht ziehen würden. Es gibt Situationen, da zwingt uns das Bestreben, an unser geschäftliches Ziel zu kommen – das heißt, bei einer Investition die größtmögliche Rendite zu erhalten –, zu Kompromissen.

Betty Collins zum Beispiel, Inhaberin eines Schönheitssalons, hat mir einmal bekannt: „In meinem Geschäft gibt es jede Menge Möglichkeiten, sich bei Vater Staat schadlos zu halten, und früher habe ich alle ausgeschöpft. Als Christin bin ich strikt gegen Betrügereien, aber bei meinen Einkommensteuererklärungen hatte ich mir angewöhnt, sie zu rechtfertigen."

Kopfschüttelnd fuhr sie fort: „Ich versuchte, mein Gewissen zu beschwichtigen, indem ich mir sagte, die Regierung verteile zu viele Geldgeschenke, mit denen ich nicht einverstanden war. Deshalb sei es völlig in Ordnung, wenn ich bei meinen Steuern mogle. Ich behielte schließlich nur zurück, was mir sowieso gehörte."

Das Anliegen dieses Buches

Kurz gesagt, die Absicht dieses Buches ist es, Dons Frage zu beantworten: Wie kann man zugleich ein guter Christ sein und ein guter Geschäftsmann? Die Antwort ist wirklich nicht ganz einfach. Für einige von Ihnen wird dieses Buch vielleicht sogar mehr Fragen aufwerfen als beantworten. Und manche unter Ihnen (nicht allzu viele, hoffe ich!) werden vielleicht mit einigen Argumenten, die ich hier vortrage, überhaupt nicht übereinstimmen.

Trotzdem hoffe ich, daß dieses Buch Sie und mich motiviert, folgendes zu tun:

▷ Die Art und Weise, wie wir unser Geschäft führen, und warum wir es so führen, neu zu sehen
▷ Die biblischen Grundsätze genau zu prüfen, die sich auf heutige Geschäftspraktiken beziehen
▷ Eingehend zu überdenken, wie die biblischen Prinzipien des Geschäftslebens, wie sie in diesem Buch dargestellt werden, auf unsere jeweilige Lage passen
▷ Die in diesem Buch vorgestellten biblischen Grundsätze so anzuwenden, wie Gott uns im einzelnen führt

Ich bete, daß Gott dieses Buch in Ihrem Leben wie in meinem gebrauchen wird, so daß wir ihn wirklich und wahrhaftig zum Herrn *unseres* Geschäfts machen können.

Ist Gott wirklich am Geschäft interessiert?

Als ich auf einer Farm im ländlichen Oklahoma aufwuchs, sagte mein Vater immer zu mir: „Sohn, du wirst in der Welt nie vorwärtskommen, solange du für andere arbeitest." Dann zerzauste er mit seiner großen, starken Hand mein Haar (damals hatte ich noch welches) und fügte hinzu: „Statt für den Eigentümer zu arbeiten, mußt du selber der Eigentümer werden. Das ist der einzige Weg, auf dem du zu etwas kommen kannst."

Schon in jungen Jahren entschloß ich mich, lieber dem Rat meines Vaters zu folgen als seinem eigenen Beispiel. Er hat sein ganzes Leben „für den Eigentümer" hart gearbeitet – und nie viel besessen.

Im reifen Alter von acht Jahren beschloß ich daher, mein eigenes Geschäft aufzumachen. Eines Morgens ging ich in die Küche, wo meine Mutter Brot backte, und verkündete: „Ich werde Geschäftsmann." Meine Mutter lächelte, als sie das Mehl an ihren Händen in mein Haar strich, und sagte „Das ist aber schön."

Ich wußte, daß jeder Unternehmer ein Produkt haben muß. So sah ich mich auf unserer ärmlichen, schmutzigen Farm nach einem Produkt um, das ich gebrauchen könnte, um damit mein eigenes Geschäft anzufangen. Ich bedachte auch, daß jeder gute Geschäftsmann eine ganze Menge von seinem Geschäft verstehen muß. So entschloß ich mich, nachdem ich eine Woche über meine sämtlichen Möglichkeiten nachgedacht hatte (es waren nicht viele), Angelwürmer zu verkaufen.

Angelwürmer wählte ich aus zwei Gründen. Erstens lebten in dem Misthaufen hinter unserer Scheune die größten und besten Würmer, die ich je gesehen hatte. Und zweitens dachte ich, daß ich sicher mehr Fische fangen konnte als jeder andere Junge unseres Dorfes. Daher schloß ich, daß ich vermutlich die besten Angelwürmer der Umgebung hatte und daß ich mehr vom Angeln mit ihnen verstand als jeder andere in der Nachbarschaft.

Am nächsten Samstagmorgen suchte ich mir ein altes Brett und etwas Farbe, malte ein Schild: „Würmer zu verkaufen – 10 Cent" und nagelte es an einen Zaunpfahl an der Straße vor unserem Haus.

Ich weiß noch gut, wie ich unter einem schattigen Baum im Vorgarten saß und darauf wartete, daß sich die Leute an der langen Einfahrt drängten, um meine wunderbaren Würmer zu kaufen. In meiner Phantasie zog ich schon meinen kleinen roten Wagen mit einem Haufen voller Geld zur Bank und war reich. In Gedanken hatte ich das Geld schon für Sachen ausgegeben, die meine Eltern mir niemals kaufen konnten: Dinge wie ein neues Fahrrad, ein Luftgewehr, ein neuer Baseballhandschuh und ein richtiger Schläger. Die Liste ging endlos weiter.

Mein erster Gehversuch in der Geschäftswelt wurde jedoch ein komplettes Fiasko. Ich verkaufte keinen einzigen Wurm. Warum? Weil ich die einfache Tatsache übersehen hatte, daß jeder in meinem Dorf seinen eigenen Misthaufen hinter seiner Scheune hatte – und in jedem Misthaufen den gleichen Vorrat an Würmern. Und wer keinen Misthaufen besaß, kam hier ohnehin nicht vorbei.

Am späten Nachmittag war ich völlig geknickt. Alle meine Hoffnungen auf raschen Reichtum und neue Spielsachen waren plötzlich dahin. Selbst in meinem zarten Alter fühlte ich mit voller Wucht den Schmerz und die Frustration des geschäftlichen Scheiterns. Schließlich erhob ich mich, und nachdem ich dem Baum einen wütenden Tritt versetzt hatte, ging ich ins Haus – und weinte.

Als mich meine Mutter in die Arme nahm, berichtete ich ihr, daß keiner gekommen war, meine Würmer zu kaufen, und daß ich jetzt nicht all die Dinge kaufen könne, die ich mir kaufen wollte. Ich werde ihre Antwort nie vergessen.

„Myron", sagte sie, als sie mich auf ihre Knie zog, „hast du gebetet und Jesus gefragt, ob er dir bei deinem neuen Geschäft helfen will?"

„Nein!" rief ich, sprang von ihrem Schoß und rannte wieder hinaus. Das hatte ich nicht – und ich dachte, ich hätte auch eine ausgesprochen logische Begründung für meine Entscheidung. Ich erinnere mich noch immer gut an die Gedanken, die mir in diesem Moment durch den Kopf gingen: *Sicher ist Jesus viel zu beschäftigt mit wichtigen Gemeindeangelegenheiten, als daß er sich für mein Wurmgeschäft interessieren könnte.* Dann überlegte ich mir: *Gott interessiert sich nur für religiöse Dinge, Gott konnte keinesfalls an Geschäften interessiert sein.*

Der springende Punkt bei der ganzen Sache ist folgender: Über die Jahre habe ich entdeckt, daß durch die Köpfe der meisten Erwachsenen im Lauf ihres Geschäftslebens irgendwann einmal ähnliche Gedanken gegangen sind. Wenn ich Leute ermutige, Gott doch mehr in ihren Geschäftsangelegenheiten mitreden zu lassen, wird mir oft gesagt: „Gott hat Wichtigeres zu tun, als über meine Geschäftssorgen nachzudenken."

Jedesmal wenn ich diesen Kommentar höre, muß ich an mein erstes Geschäftsabenteuer denken – das Verkaufen von Würmern als Achtjähriger –, und ich bin fest davon überzeugt, daß niemand anderes als Satan der Urheber dieser Lüge ist. Er will die Geschäftswelt beherrschen und alle, die in ihr leben. Er will nicht, daß die Leute nach Gottes Meinung fragen und seine Hilfe erfahren, wenn es ums Geschäft geht.

Gott ist Geschäftsmann

Vom ersten Buch der Bibel bis zum letzten finden wir laufend Hinweise auf das Geschäftsleben. Gott zeigte seine Sorge um die Landwirtschaft, als er versprach: „Solange die Erde steht, sollen nicht aufhören Saat und Ernte, Frost und

Hitze, Sommer und Winter, Tag und Nacht!" (1. Mose 8,22). Ein Großteil der Schriften Moses im Alten Testament besteht ja aus Anweisungen für den landwirtschaftlichen Betrieb. Heute wissen die Farmer in Amerika, wie wichtig es ist, Ackerland von Zeit zu Zeit brachliegen zu lassen, damit sich der Boden erholt. Aber Gott sagt schon im 3. Buch Mose: „Sechs Jahre lang sollst du dein Feld besäen und sechs Jahre lang deine Reben beschneiden und ihre Früchte einsammeln. Aber im siebten Jahr soll das Land einen Ruhesabbat haben" (3. Mose 25,3-4).

Gott war auch im Grundstücksgeschäft engagiert. Mehrere Abschnitte des Alten Testaments skizzieren Gottes Anweisungen für Immobilientransaktionen (3. Mose 25,10.25; 5. Mose 19,14; 27,17).

Außerdem kümmerte sich Gott um die Entwicklung eines Kredit- und Bankwesens (2. Mose 22,25), um Maße und Gewichte (3. Mose 19,35-36), um die Entwicklung der Rechtspflege (2. Mose 23,1-9), um Wohlfahrtsprogramme zugunsten der Armen (3. Mose 19,9-10; 5. Mose 24,17-22).

Gott will, daß Geschäftsinhaber ihre Mitarbeiter angemessen entlohnen (5. Mose 24,15; Jeremia 22,13; Jakobus 5,4). Tatsächlich ist Gott, wie wir sehen, an *allen* Geschäftsbereichen interessiert – aber Satan auch!

Das Dilemma christlicher Geschäftsleute

Am Anfang dieses Kapitels begegneten wir Don Skinner – Firmeninhaber, Christ und ausgesprochen frustriert und verwirrt. Er fand sich in der Klemme zwischen den Grundsätzen Gottes fürs Geschäft und denen der Welt. Er fand es unmöglich, beiden gerecht zu werden. Aus diesem Grund sagte er: „Manchmal fühle ich mich in der Zwickmühle zwischen dem, was die Bibel lehrt, und dem, wie ich handeln muß, wenn ich mein Geschäft erfolgreich führen will."

Früher oder später macht jeder Christ in der Geschäftswelt die gleiche Erfahrung. Sobald jemand Christ wird, verändern sich seine Ziele. Er möchte jetzt Christus gefallen und dienen und nicht mehr sich selbst: „Gehört jemand zu Christus, dann ist er ein neuer Mensch. Was vorher war, ist vergangen, etwas Neues hat begonnen" (2.Korinther 5,17).

Paulus greift diesen Gedanken auf, wenn er sagt: „Nehmt nicht die Forderungen dieser Welt zum Maßstab, sondern ändert euch, indem ihr euch an Gottes Maßstäben orientiert" (Römer 12,2). Außerdem sagt er uns:

„Ihr sollt euch von eurem alten Leben, dem ‚alten Menschen' mit all seinen trügerischen Leidenschaften endgültig trennen und euch nicht länger selbst zerstören. Gottes Geist will euch mit einer völlig neuen Gesinnung erfüllen. Ihr sollt den ‚neuen Menschen' anziehen, wie man ein Kleid anzieht" (Epheser 4,22-24).

Ja, das ist das Ziel eines jeden Christen. Wir sollen uns unterscheiden von der Welt und von der Art und Weise, wie sie funktioniert. Wir sollen andere Menschen sein. Wenn wir Christen werden, ist es unser Ziel, Gott zu gefallen und nicht unserem Ego. Wie Sie diesen Versen entnehmen können, muß sich der Christ von den Nichtchristen unterscheiden. Und wenn dem so ist, dann kann man erwarten, daß ein Christ seine Geschäfte anders tätigt als die übrige Geschäftswelt.

Das erklärte Ziel der Geschäftswelt ist es, im Geschäft Erfolg zu haben. Wie wir in einem späteren Kapitel noch genauer sehen werden, ist das Grundprinzip jedes Geschäftserfolgs bekanntlich der, mehr Geld einzunehmen als auszugeben. Aus diesem Grund lautet die Lieblingsphilosophie der Welt: *Tu alles, was erforderlich ist, Geld zu machen, denn Geld ist der Schlüssel zum Geschäftserfolg.*

Genau daher kommt die große Frustration vieler Christen im Geschäftsleben. Auf der einen Seite ist es unser Ziel, Gott zu dienen, ihm zu gehorchen und zu gefallen. Und Gott sagt, unsere Geschäftspraktiken sollen ehrlich und fair sein. Ja, wir sollen die Menschen so behandeln, wie wir selbst behandelt werden wollen. Andererseits ist es da draußen, wie Don beobachtet hat, eine Welt, wo das Gesetz des Dschungels gilt – "fressen oder gefressen werden". Und die Geschäftswelt ist größtenteils darauf eingeschworen, jedes Mittel anzuwenden, um Erfolg zu haben. Ihr Motto ist oft genug: *Tu es anderen an, bevor sie es dir antun!*

Die Folge davon ist, daß christliche Geschäftsleute in zwei entgegengesetzte Richtungen gezogen werden. Sie wollen Gott dienen, ihm gehorchen und gefallen. Aber sie sind immer wieder versucht, Gott zu vergessen, ihre Ärmel aufzukrempeln und alles Erforderliche zu tun, im Geschäftsleben konkurrenzfähig zu sein. Zu Beginn dieses Kapitels haben wir Don Skinner genau das tun sehen.

Unglücklicherweise erleben die meisten christlichen Geschäftsleute unter uns, wie sie immer wieder als Gottes Repräsentanten im Geschäft versagen.

Paulus, selbst Geschäftsmann (in der Zeltmacherbranche), hat den Christen von Rom das Problem folgendermaßen auseinandergesetzt:

„Ich mache immer wieder dieselbe Erfahrung: Das Gute will ich tun, aber ich tue das Böse. Ich wünsche mir nichts sehnlicher, als Gottes Gesetz zu erfüllen. Dennoch handle ich nach einem anderen Gesetz, das in mir wohnt. Dieser Widerspruch zwischen meiner richtigen Einsicht und meinem falschen Handeln beweist, daß ich ein Gefangener der Sünde bin. Ich unglückseliger Mensch! Wer wird mich jemals aus dieser Gefangenschaft befreien?" (Römer 7,21-24).

Die meisten christlichen Geschäftsleute, von denen ich weiß, bekennen sich in diesem Punkt freimütig zu Paulus. Wie er wollen sie „nichts sehnlicher, als Gottes Gesetz zu erfüllen", aber oft genug erleben sie sich als „Gefangene der Sünde". Und wie Don Skinner fühlen sie sich in der Zwickmühle zwischen dem Wunsch, Gott zu gehorchen, und dem Zwang, auf dem Markt zu konkurrieren, wo Gottes Gesetze und Grundsätze für das Geschäft nichts gelten. Sie meinen, das eine schließe das andere aus.

Jack McDonnald, Inhaber einer Baufirma, die sich auf kleine Geschäftsgebäude spezialisiert hat, drückt sich so aus: „Es ist schon schwer genug, Christ zu sein und für etwas zu stehen, was in der Welt nichts gilt. Aber es ist noch viel schwerer, im Geschäftsleben nach christlichen Grundsätzen zu handeln, ein christlicher Geschäftsmann zu sein und seinem Gewissen zu folgen, wenn es so aussieht, als hätten die meisten Konkurrenten überhaupt kein Gewissen."

Er hat mir erzählt, wie eine große Baufirma sein Geschäft als Subunternehmen beim Bau eines Kaufhauses einer großen Warenhauskette beteiligen wollte. „Ich brauche den Auftrag wirklich dringend", sagte er, „aber sie versuchen mich zu veranlassen, die Bauvorschriften über Fundament, Elektro- und Heizungsinstallation zu mißachten, um die Kosten niedrig zu halten. Sie haben herausgefunden, daß ihr Angebot zu niedrig war, und versuchen nun, hinten und vorne zu sparen."

Während ich dies niederschreibe, kämpft Jack immer noch mit seinem Gewissen und seinem Scheckbuch und versucht, den richtigen Weg zu finden.

Sicher weiß Jack, wovon Paulus spricht, wenn er sagt: „Ich wünsche mir nichts sehnlicher, als Gottes Gesetz zu erfüllen. Dennoch handle ich nach einem anderen Gesetz, das in mir wohnt" (Römer 7,22-23).

Auf einem Managementseminar sagte Steve Crane, ein Privatbankier aus dem Südwesten der Vereinigten Staaten: „Bevor ich Christ wurde, war es bedeutend leichter, geschäftliche Entscheidungen zu treffen. Alles, was ich wissen mußte, war, ob ein Geschäft Geld bringt. Jetzt muß ich erst abwägen, ob ein Abschluß biblischen Richtlinien entspricht und ob es Gottes Wille für mich ist, daß ich mich daran beteilige. Manchmal glauben meine Vizepräsidenten, ich hätte den Verstand verloren, wenn ich ein lukratives Angebot ausschlage, nur weil es biblische Prinzipien verletzt."

Lachend setzte er hinzu: „Und ich weiß ganz genau, sie denken, ich sei verrückt, wenn ich ihnen manchmal sage, ich müsse über etwas beten, bevor ich ihnen eine Antwort geben könne."

Wie Steve sagt, ist für die meisten Nichtchristen Geld das einzige Kriterium bei geschäftlichen Entscheidungen. Ein Abschluß ist für sie um so besser, je mehr Geld dabei herausspringt. Für den Christen ist Geld aber nur *ein* Kriterium bei Geschäften. Das andere ist Gottes Wort.

Anders als nichtchristliche Geschäftsleute legt der Christ Wert darauf, daß Gott seine Transaktionen gutheißt. Das Bestreben, Gott zu gefallen, hat Vorrang vor dem Geld.

Der Krieg um die Geschäftswelt

Im Römerbrief schreibt Paulus: „Dennoch handle ich nach einem anderen Gesetz, das in mir wohnt. Dieser Widerspruch zwischen meiner richtigen Einsicht und meinem falschen Handeln beweist, daß ich ein Gefangener der Sünde bin" (Kapitel 7,23).

Paulus spricht über einen Krieg, der sich in uns abspielt – einen Krieg zwischen den Kräften Gottes, die uns ermutigen, zu tun, was richtig ist, und den Kräften Satans, die uns dazu verführen, das Falsche zu tun.

Im Epheserbrief läßt sich Paulus über die Natur dieses Krieges aus: „Denn wir kämpfen nicht gegen Menschen, sondern gegen Mächte und Gewalten des Bösen, die über diese gottlose Welt herrschen und im Unsichtbaren ihr unheilvolles Wesen treiben" (6,12).

Dieser Text enthüllt, daß der Christ nicht nur in irgendeinem Krieg steht, sondern gegen Satan persönlich und sein Dämonenheer kämpft. Diese Stelle sagt uns auch, daß Satan der Herrscher über die natürliche Welt ist. Ja, die Schrift nennt ihn den „Gott dieser Welt" (2. Korinther 4,4).

Im Lukasevangelium sehen wir, wie Satan Christus die Macht über die Märkte der Welt anträgt, unter einer Bedingung – er soll ihn anbeten und als höchsten Gott des Universums anerkennen:

„Dann führte ihn der Teufel auf einen hohen Berg und zeigte ihm in einem einzigen Augenblick alle Reiche der Welt und bot sie Jesus an: ‚Alle Macht über diese Welt und ihre Herrlichkeit will ich dir geben; denn mir gehört die Welt, und ich schenke sie, wem ich will. Wenn du vor mir niederkniest und mich anbetest, wird das alles dir gehören.'"

Jesus erwiderte: „Gott verlangt von uns: ‚Du sollst allein Gott anbeten und nur ihm gehorchen!'" (Lukas 4,5-8)

Beachten Sie, daß dieser Text zum Ausdruck bringt, daß Satan die Macht über die Königreiche (Märkte) dieser Welt hat und daß er jeden, der ihm gefällt, zu ihrem Chef machen kann. Und wie beherrscht Satan diese Märkte? – Indem er die *Menschen* beherrscht, die sie betreiben. Und wie beherrscht er die Menschen auf den Märkten? Durch Verführung.

Vom Anfang der Geschichte an hat Satan die Menschheit verführt. Eva gestand: „Die Schlange (Satan) hat mich verführt" (1.Mose 3,13). Und der Apostel Johannes bezeugt, daß Satan fortfahren wird, „die Nationen zu verführen, die an den vier Ecken der Erde sind" – bis Gott dem ein Ende setzt (Offenbarung 20,7-8; Schlachter).

Satan weiß nicht nur, daß man die Welt regiert, indem man ihre Wirtschaft kontrolliert; er verfügt auch über ein Konzept, das zu realisieren. Gottes Wort enthüllt das Wesen dieses Plans:

„Und es" – Satan, das ‚Tier' – „bewirkt, daß allen, den Kleinen und den Großen, den Reichen und den Armen, den Freien und Knechten, ein Malzeichen gegeben wird auf ihre rechte Hand oder ihre Stirn, und daß niemand kaufen oder verkaufen kann als nur der, welcher das Malzeichen hat" (Offenbarung 13,16-17; Schlachter).

Was wird Satan tun? – Erstens wird er *bewirken,* „daß *ullen,* den Kleinen und den Großen, den Reichen und den Armen, den Freien und Knechten, ein Malzeichen gegeben wird". Mit anderen Worten, es wird keine andere Möglichkeit geben, als Satans Plan zu entsprechen. Jeder wird in sein Programm für die Geschäftswelt gezwungen werden.

Zweitens werden die Menschen sich von ihm registrieren lassen müssen, indem sie eine Art Erkennungszeichen erhalten. Beachten Sie den Zweck dieses Erkennungszeichens: „Daß niemand kaufen oder verkaufen kann als nur der, welcher das Malzeichen hat."

Begreifen Sie die Bedeutung dieses Verses? Eines Tages wird Satan es den Menschen unmöglich machen, irgendwelche Geschäfte zu tätigen – zu kaufen oder zu verkaufen –, wenn sie nicht bei ihm registriert sind und ihn als den allmächtigen Gott dieser Welt anerkennen!

Denken Sie einmal darüber nach! Egal, wie reich oder arm die Leute sind, egal, wie groß oder klein ihr Geschäft ist (es mag ein Milliardenkonzern sein oder ein Tante-Emma-Laden), sie alle werden nicht in der Lage sein, zu *kaufen* oder zu *verkaufen,* es sei denn, sie haben Satans Erkennungszeichen und erkennen ihn offen als den obersten Herrscher der Welt an.

Satan ist extrem intelligent. Er weiß, daß man die Menschen über ihre Brieftaschen beherrscht. Wer die Macht über das Kaufen und Verkaufen hat, beherrscht alles.

Die christlichen Geschäftsleute können jedoch eine Schlüsselrolle dabei spielen, Satans Pläne zu vereiteln, der Herr der Geschäftswelt zu werden. Die Schrift bezeugt ganz klar, daß „durch den Segen der Redlichen eine Stadt emporkommt; aber durch den Mund der Gottlosen wird sie heruntergerissen" (Sprüche 11,11).

Dieser Vers verdeutlicht, wie wertvoll Gottes Volk für eine Gesellschaft ist. Wenn es seinen Grundsätzen folgt, wird das ganze Gemeinwesen gesegnet. Wenn die Menschen Gottes Prinzipien ignorieren, leiden alle.

Daraus folgt, daß christliche Geschäftsleute überall in

der Wirtschaft für Gott einstehen müssen. Sie müssen die biblischen Grundsätze des Geschäftslebens kennen und anzuwenden wissen.

Wenn sie das tun, wird, so glaube ich, dreierlei geschehen: erstens werden sie Erfolg haben, zweitens wird die gesamte Geschäftswelt – und die Gesellschaft im Ganzen – gedeihen, drittens werden Satans Bemühungen, die Welt durch Beherrschung der Geschäftswelt zu regieren, gestört werden.

Wie ist es mit Ihnen? Sind Sie bereit, in der Wirtschaft für Gott einzustehen, indem Sie biblische Grundsätze in Ihrem Geschäft oder an Ihrer Arbeitsstelle anwenden? Die übrigen Kapitel dieses Buches wurden geschrieben, um Ihnen zu helfen, besser gerüstet zu sein und Satans Angriffen auf Sie und Ihr Geschäft besser widerstehen zu können. Sie wollen Ihnen außerdem dabei helfen, die Art Geschäftsmann oder Geschäftsfrau zu werden, die Gott aus Ihnen machen will.

Jesus sagt uns: „Ihr seid das Licht, das die Welt erhellt. Eine Stadt, die hoch auf dem Berg liegt, kann nicht verborgen bleiben. Man zündet ja auch keine Lampe an und deckt sie dann zu. Im Gegenteil: Man stellt sie so auf, daß sie allen im Haus Licht gibt. Genauso soll euer Licht vor allen Menschen leuchten. An euren Taten sollen sie euren Vater im Himmel erkennen und ihn auch ehren" (Matthäus 5,14-16).

Gibt es einen besseren Ort, diesen Text anzuwenden, als die Märkte dieser Welt?

Zusammenfassung

Die Geschäftswelt ist hochgradig wettbewerbsorientiert. Wie Don Skinner bemerkt hat: „Da draußen gilt das Gesetz des Dschungels, ‚fressen oder gefressen werden'." Wegen der extrem wettbewerbsorientierten Atmosphäre in der

Wirtschaft sehen sich christliche Geschäftsleute manchmal versucht, fragwürdige Kompromisse einzugehen.

Wie mein Freund Don ebenfalls feststellte, fühlen sich christliche Geschäftsleute gelegentlich in einer Zwickmühle zwischen dem, was die Bibel sagt, und dem Druck, ihre Überzeugungen zu korrumpieren, um ihr Unternehmen profitabler zu machen.

Dieses Buch wurde geschrieben, um christlichen Geschäftsleuten neu den Blick dafür zu öffnen, was die Bibel über das Geschäft lehrt, und ihnen zu helfen, diese Prinzipien unter Gottes Leitung anzuwenden.

Wir mögen manchmal den Eindruck gewinnen, Gott interessiere sich nicht für unser Geschäft und seine besonderen Erfordernisse. Aber das Wort Gottes sagt sehr wohl, daß Gott an jeder Branche interessiert ist – von der Landwirtschaft bis hin zum Rechtswesen. Die Bibel enthüllt außerdem, daß sich Gott auch um die Behandlung der Arbeitnehmer durch die Arbeitgeber sorgt.

In der Geschäftswelt wütet ein Krieg. Paulus beobachtet, daß wir uns als Christen in einer Schlacht mit Satan befinden. Wir kämpfen „nicht gegen Menschen, sondern gegen Mächte und Gewalten des Bösen, die über diese gottlose Welt herrschen und im Unsichtbaren ihr unheilvolles Wesen treiben" (Epheser 6,12). Satans Ziel ist, die Weltwirtschaft zu beherrschen, denn dadurch kann er die Menschen dieser Welt unter seine Kontrolle bringen.

Sein Plan ist im Buch der Offenbarung beschrieben: Er bewirkt, „daß allen, den Kleinen und den Großen, den Reichen und den Armen, den Freien und Knechten, ein Malzeichen gegeben wird auf ihre rechte Hand oder ihre Stirn, und daß niemand kaufen oder verkaufen kann als nur der, welcher das Malzeichen hat" (Offenbarung 13,16-17).

Satans Ziel ist es also, es den Menschen unmöglich zu machen, Geschäfte irgendwelcher Art abzuwickeln, solange sie nicht bei ihm registriert sind und ihn als Gott dieser Welt anerkennen.

Die christlichen Geschäftsleute spielen eine Schlüsselrolle beim Eindämmen von Satans Plänen. „Durch den Segen der Redlichen kommt eine Stadt empor; aber durch den Mund der Gottlosen wird sie heruntergerissen", heißt es in Sprüche 11,11, und in Matthäus 5,14-16 steht, daß Christen das Licht der Wirtschaft sein und durch ihre guten Tagen den Weg zu Gott weisen sollen.

Persönliche Nutzanwendung

1. Lesen Sie Römer 12,2.
   ▷ Bewerten Sie Ihre geschäftlichen Aktivitäten der vergangenen Monate, und suchen Sie nach Handlungsweisen und Einstellungen, von denen Sie den Eindruck haben, daß sie das Verhalten und die Gewohnheiten dieser Welt in der Wirtschaft imitieren.
   ▷ Was, glauben Sie, sagt dieser Vers christlichen Geschäftsleuten?
2. Lesen Sie Matthäus 5,14-16. Welche Möglichkeiten haben Sie, diese Passage in Ihrem Geschäft effektiver anzuwenden?

2
Die Rolle des Geldes im Geschäftsleben

Weshalb machen sich Leute selbständig? Ich kann Ihnen sagen, warum ich mein Geschäft angefangen habe. Ich wollte Geld machen. Mit acht Jahren sah ich das Wurmgeschäft als eine Möglichkeit, alle Spielsachen zu kaufen, die sich meine Eltern nicht leisten konnten. Mit 32 fing ich, hauptsächlich aus dem gleichen Grund, ein Geschäft für Asphaltreparaturen an – *um Geld zu machen*. Nur waren die Spielsachen, die ich haben wollte, eine ganze Menge größer und viel teurer geworden. Bei jedem Geschäft, das ich anfing, war das Ziel immer dasselbe – *Geld zu machen!*

Wenn Sie je ein eigenes Geschäft aufgemacht haben, wenn Sie eine eigene Firma betreiben oder wenn Sie auch nur mit dem Gedanken spielen, als Unternehmer Karriere zu machen, bin ich sicher, daß Ihr Ziel dasselbe ist wie meines – *Geld*.

Lassen Sie mich ihnen jetzt eine andere Frage stellen: Wie stellen Sie fest, ob Ihr Geschäft gut läuft? Vor ein paar Jahren zogen ein Freund und ich eine kleine Produktion auf. Im ersten Jahr verkauften wir Waren für 250 000 Dollar. Im darauffolgenden beliefen sich unsere Verkäufe auf über eine Million Dollar.

Wir waren begeistert über dieses Wachstum. Wir sprachen ständig darüber, wieviel besser wir im zweiten Jahr waren. Unser Ziel war nicht nur, *Geld zu machen,* sondern wir benutzten das Geld auch als Maßstab dafür, wie gut unser Geschäft lief.

All dies weist auf eine unvermeidliche Tatsache hin: Geld ist der Lebenssaft unserer Gesellschaft.

Die Macht des Geldes

„Geld ist Macht." Ob wir es zugeben wollen oder nicht, in mannigfacher Weise ist Geld das, was unser Geschäft und unser Leben regiert.

Auf einem Managementseminar, das ich kürzlich in Louisiana durchführte, war eins der angebotenen Themen „Biblische Grundsätze der Entscheidungsfindung". In der anschließenden Diskussion meldete sich ein Geschäftsmann.

„Ich habe überhaupt keine Probleme mit meinen Entscheidungen", sagte er lachend. „Wenn etwas Geld bringt, sage ich ja. Wenn nicht, sage ich nein. Nichts ist einfacher!"

Die meisten Entscheidungen, die Geschäftsleute treffen, haben mit Geld zu tun. Entweder wir entscheiden darüber, wie wir es verdienen, oder darüber, wie wir es ausgeben. Und unser Ziel ist immer dasselbe: mehr verdienen als ausgeben. Daher wird Geld normalerweise zum beherrschenden Faktor bei allen unseren Geschäftsentscheidungen. Und wenn das Geld unsere Geschäftsentscheidungen beherrscht, beherrscht es dann uns selbst nicht vielleicht genauso?

Als christlicher Geschäftsmann würde ich niemandem gern zugeben, daß ich mich vom Geld beherrschen lasse. Aber gestatten Sie mir eine weitere Frage: Wenn ich dem Geld erlaube, die Art von Entscheidungen zu beherrschen, die ich treffe, ist es dann nicht so, daß das Geld mich wirklich beherrscht? Ich weiß nicht, wie Sie diese Frage beantworten, aber meine Schlußfolgerung ist ja.

Gerade in den letzten Monaten habe ich mich mit dieser Materie herumgeschlagen; ich gebe es nicht gern zu, aber ich bin entsetzt über den Einfluß, den Geld auf mich, mein Geschäft und mein Leben gehabt hat. Ich hege den Verdacht, daß Sie vielleicht das gleiche Bekenntnis ablegen werden, wenn Sie ganz ehrlich mit sich sind.

Um den Bann des Geldes über uns brechen zu können, müssen wir erst einmal wissen, woher es kommt.

Die Quelle von Geld und Reichtum

Geld ist für sich genommen weder gut noch böse. Es ist in der modernen Gesellschaft einfach eine Notwendigkeit. Eine unabdingbare Voraussetzung zum Abwickeln geschäftlicher Transaktionen.

Die Bibel nennt zwei Quellen von Geld und Reichtum. Im 5. Buch Mose sagt Gott dem Volk Israel: „Du sollst des HERRN, deines Gottes, gedenken; denn er ist es, der dir Kraft gibt, solchen Reichtum zu erwerben" (5. Mose 8,18). Daraus geht ganz klar hervor: der Herr gibt den Menschen Kraft, Geld zu verdienen und Wohlstand zu erwerben.

Aber die Bibel sagt auch, daß *Satan* die Macht hat, den Menschen Reichtum zu geben. Wie wir im letzten Kapitel gesehen haben, erwähnt das Lukasevangelium, daß Satan Jesus die Königreiche dieser Welt anbot; alles, was Christus dafür hätte tun müssen, wäre gewesen, ihn anzubeten (Lukas 4,5-8). Es ist wichtig zu beachten, daß Jesus Satans Behauptung, er sei in der Lage, Königreiche und Reichtümer nach Belieben zu verteilen, *nicht widersprach*. Er stellte jedoch Satan gegenüber klar, daß wir Gott dienen sollen, und zwar „ihm allein" (Lukas 4,8).

Offensichtlich lehrt also die Bibel, daß die Macht, reich zu werden, entweder von Gott kommt oder von Satan. Wenn wir dem Herrn dienen, kommt unser Wohlstand von ihm. Dienen wir dagegen Satan, dann wird *er* die Quelle unseres Reichtums.

Ich hoffe, Sie wollen Gott dienen. Der Vorsatz allein ist aber nicht genug. Wenn sie ein christlicher Geschäftsmann oder eine christliche Geschäftsfrau sind, haben Sie die Verantwortung, ihm *durch Taten* zu dienen. Sie müssen wissen, was Gott von jemand verlangt, sobald er Christ geworden ist. Sie müssen Gottes Grundsätze für das Leben lernen und in allen Bereichen anwenden, ihr Geschäft eingeschlossen.

Die Geldfalle

Geld gibt uns leicht ein falsches Gefühl der Sicherheit. Eine Vielzahl christlicher Geschäftsleute (ich eingeschlossen – und vielleicht sogar Sie) ist mit den Jahren der Selbsttäuschung zum Opfer gefallen, Geld könne die meisten, wenn nicht alle geschäftlichen Bedürfnisse befriedigen.

Aber gerade weil Geschäftsleute so leicht verführt werden, ihre Sicherheit im Geld zu sehen, verwendet Jesus viel Zeit auf dieses Thema:

„Es sprach aber einer aus dem Volk zu ihm: Meister, sage meinem Bruder, daß er das Erbe mit mir teile! Er aber sprach zu ihm: Mensch, wer hat mich zum Richter oder Erbteiler über euch gesetzt? Er sagte aber zu ihnen: Sehet zu und hütet euch vor jeglicher Habsucht! Denn niemandes Leben hängt von dem Überfluß ab, den er an Gütern hat" (Lukas 12,13-15).

Wenn Geld zu unserem Primärziel wird, geben wir durch unsere Handlungsweise zu, daß wir glauben, das Leben hänge eben *doch* von dem Überfluß an Gütern ab.

Vor Jahren habe ich zehn und zwölf Stunden am Tag und manchmal sechs Tage in der Woche darauf verwendet, mein Geschäft aufzubauen. Durch meine Handlungsweise habe ich zu verstehen gegeben, daß ich dachte, „das Leben hängt von dem Überfluß an Gütern ab", aber natürlich bestritt ich das energisch, wenn mir meine Familie vorwarf, ich sorgte mich mehr ums Geschäft als um sie.

Ich sage nicht, daß wir kein Geld brauchen, um unser Geschäft zu führen. Offensichtlich brauchen wir welches. Aber der Bedarf an Geld bringt uns oft dazu, uns übermäßig darauf zu verlassen. Bevor wir uns dessen bewußt werden, hat das Geld für unsere totale Sicherheit die erste Stelle eingenommen. An diesem Punkt ist das Geld unser Gott geworden – ob wir es zugeben wollen oder nicht.

Weil Jesus erkannt hat, daß wir alle dazu neigen, das

Geld überzubewerten, hat er uns ein Gleichnis über einen reichen Narren erzählt:

„Eines reichen Mannes Feld hatte viel Frucht getragen. Und er dachte bei sich selbst und sprach: Was soll ich tun, da ich keinen Platz habe, wo ich meine Früchte speichern kann? Und er sprach: Das will ich tun, ich will meine Scheunen abbrechen und größere bauen und will darin alles, was mir gewachsen ist, und meine Güter aufspeichern und will zu meiner Seele sagen: Seele, du hast einen großen Vorrat auf viele Jahre; habe nun Ruhe, iß und trink und sei guten Muts! Aber Gott sprach zu ihm: Du Narr! In dieser Nacht wird man deine Seele von dir fordern; und wem wird gehören, was du bereitet hast? So geht es dem, der für sich selbst Schätze sammelt und nicht reich ist für Gott" (Lukas 12,16-21).

Lassen Sie uns nun einmal dieses aussagekräftige Gleichnis Punkt für Punkt betrachten und uns seine Prinzipien eins nach dem anderen gründlich ansehen.

Zu Beginn sehen wir einen Geschäftsmann, dem zuteil geworden ist, was wir Geschäftsleute uns alle erhoffen – Erfolg. Der Herr sagt: „Eines reichen Mannes Feld hatte viel Frucht getragen." Er war erfolgreich. Er erhielt für die aufgewendete Arbeit und die Investition einen guten Gegenwert. Das Geschäft ging so gut, daß es den Rahmen seiner Betriebsanlagen sprengte.

Aber dann erzählt uns Jesus von seinem Problem: „Was soll ich tun, da ich keinen Platz habe, wo ich meine Früchte speichern kann?" So entschloß er sich, seine Betriebsanlagen zu erweitern, um mit der Ausweitung seines Geschäfts fertig zu werden: „Und er sprach: Das will ich tun, ich will meine Scheunen abbrechen und größere bauen und will darin alles, was mir gewachsen ist, und meine Güter aufspeichern."

Bis zu diesem Punkt hatte der reiche Geschäftsmann nichts Falsches getan. Es ist nichts Falsches dabei, eine gute

Ernte einzubringen. Es ist nichts Falsches dabei, die Betriebsanlagen zu erweitern, um sie dem aufblühenden Geschäft anzupassen. Jesus hat dieses gesunde, wachsende Unternehmen nicht beanstandet.

Die Sünde des Geschäftsmannes ist vielmehr darin zu sehen, daß er zu sich sagte: „Seele, du hast einen großen Vorrat auf viele Jahre: habe nun Ruhe, iß und trink und sei guten Muts!" Hier liegt das Problem! Dieser Mann sah auf seinen ganzen Reichtum und schloß daraus, daß er nun gesichert sei. Er hatte auf Jahre hinaus ausgesorgt. Er verließ sich auf sein Vermögen statt auf Gott.

Wie ich weiter oben schon erwähnte, fingen ein Freund und ich einmal eine kleine Fabrik an. Unser Ziel war, das Unternehmen schnell wachsen zu lassen, es so profitabel wie möglich zu machen und bald wieder zu verkaufen. Wir hofften, das würde genug einbringen, daß wir uns noch in einem relativ jungen Alter zur Ruhe setzen konnten.

Mit anderen Worten: wir wollten soviel Geld verdienen, daß wir nicht mehr auf Gott angewiesen waren. Was auch immer kommen mochte – wir hätten ja Geld.

Als ich eines Tages im Lukasevangelium las, stieß ich auf dieses Gleichnis vom reichen Kornbauern. Ich hatte es zuvor schon oft gelesen, aber nun las ich es wie zum ersten Mal. Es wurde mir bewußt, daß ich genau das gleiche tat wie der reiche Geschäftsmann im Gleichnis. Ich wollte mich in die Lage versetzen, sagen zu können: „Myron, du hast einen großen Vorrat auf viele Jahre. Du hast dein Geld weise investiert. Du wirst nie mehr finanzielle Nöte haben. So iß und trink und sei guten Muts!"

Dann las ich Gottes Antwort auf die Feststellung des reichen Geschäftsmannes: „Du Narr! In dieser Nacht wird man deine Seele von dir fordern; und wem wird gehören, was du bereitet hast?" Was für ein hartes Urteil!

Gott sagt, daß der Mann ein Narr war, weil er seine Zeit, seine Energie und sein Geld auf den Versuch verwendete, völlig unabhängig zu werden. Warum? Weil er sich, was auch immer passiert wäre, auf *Gottes* Reichtum hätte verlassen können. Er war auch deshalb ein Narr, weil er nicht erkannte, daß Reichtum keine Garantie für eine sichere Zukunft ist. Nur Gott kann uns Sicherheit geben, denn nur Gott hat die Macht über das Leben. Gott bestimmt, ob wir leben oder sterben – und aller Reichtum dieser Welt kann das Leben am morgigen Tag nicht garantieren.

Schließlich weist Gott darauf hin, daß der reiche Geschäftsmann auch deswegen ein Narr war, weil er mit seinem Reichtum so selbstsüchtig verfuhr. Er war bestrebt, Reichtümer für sich selbst aufzuhäufen und nicht für Gott.

Als ich jene Verse las, wurde mir bewußt, daß ich, wie der reiche Geschäftsmann, zu der Annahme verführt worden war, Geld und Reichtum seien die Mittel zu einer gesicherten Zukunft. Aber wie das Gleichnis sagt: wer sich mehr darum sorgt, Reichtum für sich selbst anzuhäufen, statt Schätze im Himmel, geht in die Irre und ist ein Narr.

Ihr Herz ist da, wo Ihr Schatz ist

Jerry Marshall und ich haben mit wenig Geld die *Sunlight Industries* ins Leben gerufen, eine Fabrik für Solaranlagen. Wir fingen in einem kleinen Raum an, etwa 20 mal 20 Meter groß. Unsere Ausrüstung bestand aus etwas Handwerkszeug und einigen alten, abgenutzten Werkbänken, die wir von einem Freund ausliehen.

Jerry und ich waren gleichzeitig noch an anderen Geschäften beteiligt, und ein paar Monate lang haben wir uns mehr um diese gekümmert als um *Sunlight Industries*. Schließlich bezogen wir ja den größten Teil unseres Einkommens von dorther.

Aber als *Sunlight Industries* sich von einem kleinen Raum mit gebrauchten Werkbänken zu einer ausgewachsenen Fabrik mit über 50 Mitarbeitern herausmachte, wechselte unser Hauptinteresse von den anderen Firmen zu *Sunlight Industries*. Warum? Weil wir dort unsere Zeit, unsere Energie, unser Geld und unsere übrigen Mittel investierten.

Was zunächst wie ein Teilzeitunternehmen ausgesehen hatte, mauserte sich zu einem Vollzeitgeschäft. Binnen weniger Monate waren wir vollauf mit der Planung und weiteren Entwicklung unserer Produktion beschäftigt. Und je mehr von unserer Zeit, von unserer Energie und von unserem Geld wir in *Sunlight Industries* steckten, desto mehr hängten wir unser Herz daran. Genau diese Art Engagement ist es, die Jesus meinte, als er sagte:

„Ihr sollt euch nicht Schätze sammeln auf Erden, wo die Motten und der Rost sie fressen, und wo die Diebe nachgraben und stehlen. Sammelt euch aber Schätze im Himmel, wo weder die Motten noch der Rost sie fressen, und wo die Diebe nicht nachgraben und stehlen. Denn wo dein Schatz ist, da wird auch dein Herz sein" (Matthäus 6,19-21; Schlachter).

Unser Herz folgt immer unseren Schätzen. Beachten Sie, Jesus hat nicht gesagt: „Wo dein Herz ist, da wird auch dein Schatz sein." Er hat genau das Gegenteil gesagt: „Wo dein Schatz ist, da wird auch dein Herz sein."

Die meisten Geschäftsleute widmen sich deshalb so sehr ihrem Geschäft, weil da auch ihr Schatz ist. Ihr Geschäft ist also ihr wertvollster Besitz; daher fällt es ihnen auch nicht schwer, dafür Opfer zu bringen und sich dafür einzusetzen, damit es erfolgreich wird.

Christliche Geschäftsleute haben an diesen Versen schwer zu beißen. Es liegt nun einmal im Wesen eines Geschäfts, daß es uns dazu zwingt, ein gewisses Maß an Vermögen anzuhäufen, materielle Werte, eben „Schätze". Wenn wir das nicht täten, könnten wir kaum bestehen.

Ein falsches Verständnis von Versen wie diesem hat viele christliche Geschäftsleute zum gleichen Kurzschluß gebracht, zu dem ich mit acht Jahren beim Versuch gekommen war, Würmer zu verkaufen: „Gott ist nur an religiösen Dingen interessiert. Weil Geschäft nichts Religiöses ist, kann Gott daran ganz gewiß nicht interessiert sein." Sodann treiben wir diese Simplifikation (welche in Wirklichkeit ein von Satan eingefädelter Selbstbetrug ist) noch einen Schritt weiter. Wir sagen: „Diese Verse sind nicht auf mich und mein heutiges Geschäft gemünzt. Sie mögen auf biblische Zeiten zutreffen, nicht aber auf die schnellebige moderne Geschäftswelt."

Lassen Sie uns einmal aus der Nähe besehen, was Jesus in diesen Versen sagt, denn hier ist ein immens wichtiger Grundsatz enthalten. Christus sagt, daß Sie auch dann *immer noch* keine echte Sicherheit haben, wenn Sie Ihr ganzes Leben dem Sammeln irdischer Güter widmen. Solche Güter können, „ihren Wert verlieren oder gestohlen werden" (Matthäus 6,19).

Ein Freund von mir hatte fünfzehn Jahre in Übersee gearbeitet, um sich das Kapital für eine eigene Firma zusammenzusparen. Er und seine Frau kamen mit 400 000 Dollar in die Vereinigten Staaten zurück. Er steckte das Geld in ein Geschäft – aber es wurde ein Fiasko. Binnen zwei Jahren mußte er Konkurs anmelden. Der Markt hatte sich geändert, und sein Produkt war nicht mehr gefragt.

Mein Freund hatte hart gearbeitet und jeden Cent gespart. Aber zu der Zeit, als er sein Geschäft kaufte, konnte er nicht wissen, daß es bald durch eine neue Technik überholt sein würde.

Jesus sagt in Matthäus, daß es – im Licht der Ewigkeit – viel profitabler ist, seine Anstrengungen aufs Reich Gottes zu verwenden. Dort deponierte „Schätze" sind absolut sicher, Gott selbst behütet sie. Ein Fallen der Aktien oder des Goldpreises, neue Techniken, Wirtschaftsdepressionen, politische Umstürze oder eine ganze Menge andere Faktoren können Sie nicht um das bringen, was Sie ins Reich Gottes investiert haben. Aber jeder einzelne der Faktoren, die ich hier aufgezählt habe, kann Ihre irdischen „Schätze" vernichten.

Sie sind außerdem überhaupt nichts wert – wie Jesus im Gleichnis vom reichen Kornbauern sagt – denn auch wenn unserem Schatz auf Erden nichts passiert, kommen andere in seinen Genuß, wenn wir sterben. Aber wenn wir unseren Schatz ins Königreich Gottes investieren, können wir davon in alle Ewigkeit Zinsen bekommen. Ich kenne keinen Investmentfonds, der auch nur in die Nähe einer solchen Traumrendite käme!

Jesus lehrt uns in diesem Text noch einen weiteren Grundsatz. Wie Sie sich erinnern, hat er gesagt: „Denn wo dein Schatz ist, da wird auch dein Herz sein." Dies ist ein sehr wichtiges Prinzip. Unser Herr hat uns gesagt, daß wir an den Dingen hängen, in die wir unsere Mittel investieren, und daß wir loyal zu ihnen stehen. Wenn wir *alles* in unser Geschäft investieren, haben wir nichts mehr für Gott und sein Reich übrig – denn unsere ganze Loyalität gehört schon unserem Geschäft. Wenn wir dagegen Schätze im Himmel sammeln, werden wir uns an Gott hängen. Es ist nicht schwer, Gott den Herrn unseres Leben sein zu lassen, wenn wir alles, was wir haben, ihm anvertraut haben.

Jeder christliche Geschäftsmann, jede christliche Geschäftsfrau muß für sich mit Jesu Aussagen in Matthäus 6,19-21 ins reine kommen. Ich kann sie nicht ignorieren. Sie zu ignorieren hieße, ich wäre entschlossen, Schätze auf Erden zu sammeln und Geschäfte für wichtiger zu halten als Gott und sein Reich. Christi Aussagen in diesem Text zu ignorieren würde besagen, daß ich mehr dem Anhäufen von Reichtümern in dieser Welt ergeben bin als Gott und seinem Königreich.

Die Frage ist: „Wie sammle ich Schätze im Himmel?" Wenn es das ist, was ich tun muß, dann muß ich wissen, *wie* man das tut. – Wir werden auf dieses Thema in einem späteren Kapitel zurückkommen.

Die Verantwortung christlicher Geschäftsleute in Geldsachen

Wie schon erwähnt, sagt die Bibel nirgends, Geld sei schlecht. Aber sie sagt: „Eine Wurzel alles Bösen ist Geldliebe" (1. Timotheus 6,10; Elberfelder). Bitte beachten Sie, daß dieser Vers sagt, die *Liebe* zum Geld ist eine Wurzel alles Bösen – nicht das Geld an sich –, und daß es in 5. Mose 8,18 heißt: „Du sollst des HERRN, deines Gottes, gedenken; denn er ist es, der dir Kraft gibt, Reichtum zu erwerben; auf daß er seinen Bund aufrechterhalte, den er deinen Vätern geschworen hat."

Kurz gesagt: Gott ist nicht gegen Wohlstand. Er gibt seinem Volk die Kraft, Wohlstand zu erwerben. Er ist jedoch strikt dagegen, daß wir das Geld mehr lieben als ihn. Und er erwartet von uns, daß wir uns darüber klar werden, daß aus dem Besitz von Geld eine große Verantwortung erwächst. Der Apostel Paulus fordert Timotheus auf:

„Den Reichen mußt du unbedingt einschärfen, daß sie sich nichts auf ihren irdischen Besitz einbilden oder ihre Hoffnung auf etwas so Unsicheres wie den Reichtum setzen. Sie sollen vielmehr auf Gott hoffen, der uns reich beschenkt mit allem, was wir brauchen" (1. Timotheus 6,17).

Dieser Vers sagt christlichen Geschäftsleuten vier wichtige Dinge über Geld.

Erstens sollen wir nicht stolz darauf sein, wenn wir Geld haben. Noch sollen wir denken, wir seien besser oder von Gott mehr begünstigt als andere, die keins haben.

Zweitens sollen wir kein Vertrauen auf unser Geld setzen, wie wir in Lukas 12 und Matthäus 6,19-21 gesehen haben.

Drittens sollen sich unser Stolz und unser Vertrauen auf Gott beziehen, denn er ist derjenige, der uns alles gibt, was wir brauchen, um Freude am Leben zu haben.

Viertens möchte Gott, daß wir uns mit dem Geld, das er uns gibt, des Lebens freuen sollen.

Aber unsere Verantwortung endet da nicht. Paulus zeigt weitere Leitlinien Gottes über den Gebrauch des Geldes, das er uns gibt: „Sage ihnen, daß sie Gutes tun sollen und gern von ihrem Reichtum abgeben, um anderen zu helfen" (1. Timotheus 6,18).

Gott gibt uns Wohlstand, damit wir andere, die in finanziellen Nöten sind, daran teilhaben lassen können. Und nicht einfach geben sollen wir denen, die in Not sind, sondern „gern geben". Wir sollen uns am Gebrauch des Geldes, mit dem uns Gott ausrüstet, um die Nöte anderer zu lindern, *erfreuen*. Denn dazu hat er es uns in erster Linie gegeben.

Paulus schließt diesen Abschnitt mit einer Beschreibung dessen, was passiert, wenn wir diese biblischen Grundsätze anwenden:

„So werden sie wirklich reich sein und sich ein gutes Fundament für die Zukunft schaffen, um das wahre und ewige Leben zu gewinnen" (1. Timotheus 6,19).

An dieser Stelle sagt uns Gott ausdrücklich, daß das Teilen unseres irdischen Reichtums mit denen, die in Not sind, eine der Möglichkeiten ist, Schätze im Himmel zu sammeln. Bevor wir ein Sparkonto bei einer irdischen Bank einrichten, sollen wir eins bei Menschen in Not anlegen. Das ist eine Art Geldanlage, die auf Gottes himmlischer Bank gutgeschrieben wird. Und es ist außerdem die einzige sichere Investition, die wir tätigen können, denn sie ist eine für die Ewigkeit!

Der einzige Weg zu einer sicheren Zukunft ist, die von Gott gegebenen Reichtümer zur Linderung der Nöte anderer zu verwenden.

Wenn wir diese biblischen Wahrheiten vertrauensvoll anwenden und das, was wir haben, mit anderen teilen und ihnen helfen, werden wir die in Lukas versprochene Belohnung erhalten:

„Gebt, so wird euch gegeben werden; ein gutes, vollgedrücktes, gerütteltes und überfließendes Maß wird man euch in den Schoß geben. Denn mit eben dem Maße, mit welchem ihr messet, wird euch wieder gemessen werden" (Lukas 6,38; Schlachter).

Ist das nicht phantastisch? Gott gibt uns Wohlstand, damit wir ihn dazu gebrauchen können, denen zu helfen, die in Not sind. Wenn wir unseren Wohlstand im Glauben so verwalten, wie er es will, dann gibt er uns noch mehr. Warum? Damit wir damit fortfahren können, 1. Timotheus 6,18 anzuwenden und die Nöte von noch mehr Menschen zu lindern. Indem wir das tun, ernten wir weiterhin die in Lukas 6,38 genannte Belohnung. Trotzdem werden wir Gott niemals in Zahlungsschwierigkeiten bringen können!

Gott sagt: „Gebt, so wird euch gegeben werden; ein gutes, vollgedrücktes, gerütteltes und überfließendes Maß wird man euch in den Schoß geben." Gott sagt uns, daß wirkliche Sicherheit – in diesem Leben und in der Ewigkeit – daher kommt, daß wir ihm gehorchen und anderen so reichlich geben, wie er uns gibt. Und das, mein lieber Freund, ist das beste Geschäft, das Sie überhaupt machen können.

Zusammenfassung

In diesem Kapitel haben wir betrachtet, weshalb Leute sich überhaupt selbständig machen. Der Hauptgrund ist der, Geld zu verdienen. Außerdem wird ein Geschäft danach bewertet, wieviel Geld es abwirft.

Geld ist in den meisten Unternehmen die beherrschende Macht. Wir treffen unsere geschäftlichen Entscheidungen danach, ob sie Geld bringen oder welches einsparen. Aus diesem Grund kommt es oft dazu, daß das Geld Macht über uns hat – auch wenn wir das nicht gern zugeben mögen.

Im weiteren Verlauf des Kapitels haben wir die Quelle von Geld und Wohlstand betrachtet. Die Bibel sagt, daß es zwei Quellen für Wohlstand gibt – Gott und Satan. Gott verspricht, seinem Volk die erforderliche Kraft zu verleihen, damit es zu Wohlstand kommt; aber auch Satan sagt den Leuten, er könne ihnen Macht und Reichtum geben.

Da Geld eine derart bedeutende Rolle im Geschäftsleben spielt, stellt es uns häufig Fallen. Wir kommen etwa zu der Überzeugung, Geld bedeute Sicherheit, und daß wir um so sicherer seien, je mehr Geld wir hätten.

Geld ist auch dann eine Falle für uns, wenn wir unser Vertrauen darauf setzen statt auf Gott. *Warum Gott vertrauen, wenn Geld meine Bedürfnisse befriedigen kann?*

Das Gleichnis vom reichen Kornbauern in Lukas 12 demonstriert, wie das Vertrauen auf Geld statt auf Gott zum Scheitern verurteilt ist. Es ist vergeblich, das Leben mit dem Versuch zu verbringen, Sicherheit durch Reichtum zu erwerben, wenn Gott uns unser Leben über Nacht nehmen kann und andere dann in den Genuß unseres Reichtums kommen.

In diesem Kapitel haben wir außerdem gesehen, daß unsere Loyalität und unser Engagement da sind, wo unser „Schatz" ist (Matthäus 6,19-21). Jesus hat uns angewiesen, Schätze im Himmel zu sammeln, weil sie auf Erden niemals sicher sind.

Und schließlich sehen wir in 1. Timotheus 6,19, daß das Teilen der Reichtümer, die Gott uns gibt, mit den Bedürftigen eine Möglichkeit ist, sich Schätze im Himmel zu erwerben. Und gemäß Lukas 6,38 wird Gott uns mehr zurückgeben, als wir geben, wenn wir unsere Mittel mit den Bedürftigen teilen!

Persönliche Nutzanwendung

1. Betrachten Sie Lukas 12,16-21.
    ▷ Welche Parallelen gibt es zwischen Ihnen und dem reichen Kornbauern im Gleichnis?
    ▷ Welche Grundsätze lehrt Sie Gott in diesem Gleichnis? Wie können Sie sie in Leben und Geschäft anwenden?
2. Betrachten Sie Matthäus 6,19-21.
    ▷ Wie verlieren unsere irdischen Schätze ihren Wert?

▷ Wieviel Sicherheit gibt Ihnen Reichtum Ihrer Meinung nach?

▷ Was bedeutet es Ihrer Meinung nach, sich „Schätze im Himmel" zu erwerben?

▷ Weshalb fällt es uns oft schwer, Matthäus 6,20 anzuwenden?

▷ Wo haben Sie Ihre Schätze angelegt?

3. Betrachten Sie 1. Timotheus 6,10.17-19.

▷ Weshalb ist die Liebe zum Geld die Ursache des Bösen?

▷ Hatten Sie schon einmal negative Erfahrungen, wenn sie Geld geliebt haben oder ihm nachgejagt sind?

▷ Warum macht der Besitz von Geld uns oft stolz?

▷ Bitten Sie Gott, daß er Ihnen jemanden zeigt, dessen finanzielle Not Sie lindern können.

▷ Führen Sie Protokoll darüber, wie Gott Sie segnet, weil Sie das eben erwähnte Gebot befolgen.

▷ Lassen Sie auch andere Geschäftsleute teilhaben an dem, das Gott Sie lehrt, wenn Sie dieses Buch durcharbeiten.

3
Man kann nicht zwei Herren dienen

Als ich kürzlich im Café des Flughafens von Denver zu Mittag aß, entdeckte ich Ted Baxter, einen langjährigen Freund und Geschäftspartner. Ted saß allein an einem Tisch auf der anderen Seite des Raumes, und ich nahm mein Sandwich und die Tasse Kaffee und setzte mich zu ihm. „Myron", rief er, während ich mich setzte, „gerade habe ich an dich gedacht." Er erzählte mir, er hätte gerade eines meiner Bücher gelesen. „Du weißt, Myron", sagte er, „wenn einer nicht aufpaßt, kann er die Vermischung von Religion und Geschäft zu weit treiben." Er nippte an seinem Kaffee und fuhr fort: „So, wie ich es sehe, ist Geschäft Geschäft und Kirche Kirche, und die beiden vertragen sich nicht besonders gut. In der Gemeinde, in die ich gehe, kümmern sich die Leute nicht allzusehr um mein Geschäft. Und im Geschäftsleben sind die Leute nicht besonders an meiner Kirche interessiert."

Ted und ich hatten schon früher einmal über dieses Thema gesprochen, und ich wußte aus Erfahrung, daß es normalerweise nicht ratsam war, ihn zu unterbrechen, bevor er alles gesagt hatte, was er sagen wollte. Ich fand rasch heraus, daß es auch dieses Mal so war.

„Ich denke, ich bin ein ebenso guter Christ wie jeder andere", fuhr er fort. „Ich bin Vorsitzender des Finanzkomitees der Gemeinde, meine Kinder singen im Chor mit, und meine Frau Marge lädt am Sonntag immer Besucher ein. Außerdem habe ich vor fünf Jahren sogar beim Bau der Kapelle geholfen." Er war offensichtlich bemüht, sich selbst zu bestätigen, daß er ein guter Christ war.

„Aber ich muß gestehen", sagte er, als er seinen Kaffee

ausgetrunken hatte, „ich bin ein hartgesottener Geschäftsmann. Ich betreibe keine Wohlfahrtseinrichtung, und ich
bin auch kein Missionar. Ich betreibe ein Geschäft. Versteh'
mich nicht falsch", sagte er bei dem Versuch, mit einem
stumpfen Messer eine dicke Scheibe Roastbeef zu schnei-
den, „ich bitte Gott, mir bei der Führung meines Geschäfts
zu helfen. Wenn man für so viele Mitarbeiter Verantwortung
trägt wie ich, sollte man sich besser um Hilfe von irgend-
woher bemühen. Es ist eine ganze Menge Geld nötig,
um heutzutage ein Geschäft wie das meine am Laufen zu
halten."

Ich fühlte mich äußerst frustriert, als ich Ted zurück-
ließ und mich beeilte, mein Flugzeug nicht zu versäumen.
Ich kannte Ted Baxter schon lange. Er ist ein Gentleman
und ein angesehener Geschäftsmann in seiner Stadt. Er
liebt seine Gemeinde. Aber wie so viele andere Geschäftsleute glaubt er an die „Trennung von Gott und Geschäft".
Wie sagte er doch? „... Geschäft ist Geschäft und Kirche
Kirche."

Eine sehr bequeme Einstellung. Sie ermöglicht uns die
Aufteilung unseres Lebens in „Abteilungen" – in ein „Geschäftsleben", ein „Privatleben", ein „Glaubensleben" und
so weiter. Es ermöglicht uns auch die Einstellung, daß das,
was wir in einer Abteilung tun, keinerlei Folgen für die
anderen Abteilungen hat.

Es erlaubt uns auch, viele „Götter" zu haben: unseren religiösen Gott, unseren Geschäftsgott, unseren Vergnü-
gungsgott und so weiter. Selbstverständlich stellen nur sehr
wenige Menschen bei uns kleine Zinngötter in die Ecke
ihres Wohnzimmers und beten sie an. Dafür sind wir viel
zu „fortschrittlich" und „kultiviert". Statt dessen drucken
zumindest wir Amerikaner unsere Götter auf das grüne
Papier unserer Dollarnoten, verbringen die meiste Zeit
unseres Lebens mit dem Bemühen, so viele wie möglich davon zu sammeln, und horten sie in Tempeln, die wir Banken
nennen.

Bringen Sie Ihre Prioritäten in Ordnung

Wie wir im zweiten Kapitel gesehen haben, ist das Geldverdienen für die meisten Geschäftsleute vorrangig. Und ich
muß bekennen, daß es jahrelang auch *meine* Priorität war.
Ich habe zu dem alleinigen Zweck, damit Geld zu machen,
nicht weniger als fünf Firmen gegründet.

Aus diesem Grund steht im Mittelpunkt dieses Kapitels,
wie Sie Gott die erste Stelle in Ihrem Geschäft einnehmen
lassen können. Ich werde mich vor allem damit beschäftigen, wie Sie ihn zum Herrn Ihres Geschäfts – und Ihres ganzen übrigen Lebens – machen können.

Wenn Gott den ersten Platz in Ihrem Geschäft bekommen soll, dann muß er auch an erster Stelle *sein*. Wenn er an
erster Stelle Ihres Geschäfts ist, dann kann dort beispielsweise nicht gleichzeitig das Geld sein. Wie Jesus gesagt hat:
„Niemand kann zwei Herren dienen; denn entweder wird
er den einen hassen und den anderen lieben, oder er wird
dem einen anhangen und den anderen verachten. Ihr könnt
nicht Gott dienen und dem Mammon" (Matthäus 6,24).

Aus diesem Text geht hervor, daß es zwei Herren gibt auf
dieser Welt und daß wir entweder dem einen dienen werden
oder dem anderen – aber wir können nicht beiden zugleich
dienen. Diese beiden Herren sind sich diametral entgegengesetzt. Und, wie der Vers ganz deutlich sagt, werden wir
den anderen hassen, wenn wir den einen lieben.

Dieser Text sagt uns außerdem, daß wir uns zwischen den
beiden Herren entscheiden müssen – Gott oder das Geld.
Sie sehen, wir müssen hier eine Wahl treffen. Entweder dienen wir Gott (und er wird der Herr und Meister unseres Geschäfts sein), oder wir dienen dem Geld (und es wird der
Herr und Meister unseres Geschäfts sein). Alle Geschäftsleute müssen zwischen beiden wählen.

Die meisten Geschäftsleute, auch christliche, haben bereits das Geld zum Herrn der Wirtschaft erkoren, das heißt,
sie haben dem Geld erlaubt, die erste Priorität, der beherrschende Faktor in all ihren Geschäftsentscheidungen zu

werden. Wie ich schon im zweiten Kapitel erwähnt habe, wird Geld zu ihrer Sicherheit. Ihre Zuversicht, ihr Glaube gründen auf das Geld und seine Fähigkeit, ihren gesamten Bedarf zu decken.

Gott möchte jedoch der wahre Herr Ihres Geschäfts sein. Er möchte Ihre erste Priorität sein, der beherrschende Faktor in all Ihren Geschäftsentscheidungen. Er möchte Ihre Sicherheit sein. Und er möchte, daß Sie ihm allein zutrauen, daß er alle Ihre Bedürfnisse befriedigen kann. Aber wenn Gott die Nummer eins in Ihrem Geschäft ist, kann es nicht zugleich auch das Geld sein.

Wenn Sie dem Mammon dienen

Kürzlich hörte ich einen sehr wohlhabenden christlichen Geschäftsmann über das Thema Erfolg sprechen. Wir wollen ihn Bill nennen.

Bill hat als Gebrauchtwagenhändler angefangen. Durch harte Arbeit, Fleiß und kluge Investitionen wurde er schon in jungen Jahren Multimillionär. Jetzt hält er vor Leuten in ganz Amerika Vorträge über das Thema „Wie werde ich erfolgreich".

In seinem Vortrag legte er los: „Als ich anfing, war es mein Ziel, 1000 Dollar im Monat zu machen. Als ich das erreicht hatte, setzte ich mir ein Ziel von 25 000 Dollar im Jahr. Als ich soweit war, setzte ich das Ziel auf 50 000 Dollar, dann auf 100 000 Dollar im Jahr."

Er ging hin und her auf dem Podium und sprach schneller und schneller. Er schwang seine Arme und rief: „Heute bin ich Multimillionär! Aber das ist noch nicht genug! Ich werde niemals zufrieden sein mit dem Geld, das ich verdiene! Wenn ich ein Ziel erreiche, will ich immer noch mehr, denn mir fallen immer größere Dinge ein, die ich mir dafür kaufen will. Und wenn Sie erfolgreich sein wollen, dürfen Sie nie mit dem zufrieden sein, was Sie erreicht haben!"

Bill ist ein typisches Beispiel dessen, wovon Salomo in

Prediger geschrieben hat: „Wer Geld liebt, wird des Geldes nimmer satt, und wer Reichtum liebt, bekommt nie genug" (Prediger 5,9).

Wer dem Geld dient, ist unersättlich. Wessen Glück in den materiellen Gütern liegt, die man für Geld kaufen kann, der braucht immer größere und teurere Anschaffungen, um sich für immer kürzere Zeit zu befriedigen; er wird nie genug haben.

Jesus warnt: „Hütet euch vor der Habgier! Wenn jemand auch noch so viel Geld hat, das Leben kann er sich damit nicht kaufen" (Lukas 12,15).

Wenn das Geld unser Herr ist, sind wir wahrhaftig zum Unglücklichsein verurteilt. Warum? Weil wir nie genug haben. Und weil wir uns dauernd sorgen, daß wir das verlieren, was wir haben. Wie Salomo so treffend beobachtet hat: „Der Überfluß des Reichen läßt ihn nicht schlafen" (Prediger 5,12)

Außerdem neigen wir dazu, Gott zu vergessen, wenn wir zulassen, daß wir dem Geld dienen; wir geben *uns* den Verdienst an unseren Erfolgen. Beachten Sie, was das 5. Buch Mose dazu sagt:

„Darum, wenn du gegessen hast und satt geworden bist, sollst du den HERRN, deinen Gott, loben für das gute Land, das er dir gegeben hat. Hüte dich, daß du des HERRN, deines Gottes, nicht vergessest, so daß du seine Gebote, seine Satzungen und Rechte ... nicht beobachtest; daß, wenn du nun gegessen hast und satt geworden bist, und schöne Häuser erbauest und darin wohnest, und deine Rinder und Schafe, Silber und Gold, und alles, was du hast, sich mehren, dein Herz sich alsdann nicht erhebe und du vergessest des HERRN, deines Gottes, ... und daß du nicht sagest in deinem Herzen: Meine eigene Kraft und meine fleißigen Hände haben mir diesen Reichtum verschafft. Sondern du sollst des HERRN, deines Gottes, gedenken, denn er ist es, der dir Kraft gibt, solchen Reichtum zu erwerben" (5. Mose 8,10-18).

Wenn das Geld zum Herrn unserer Geschäftswelt geworden ist, ist es sehr schwer, ins Reich Gottes zu kommen. Dies wird eindrucksvoll in Matthäus 19,16-26 beschrieben. In diesem Abschnitt kommt ein Mann zu Jesus und fragt, wie er das ewige Leben bekommen könne. Als ihm Jesus sagt, er solle die Gebote halten, erwidert der Mann: „Daran habe ich mich immer gehalten. Was muß ich denn sonst noch tun?" (Matthäus 19,20). Jesus antwortet: „Wenn du wirklich das ewige Leben haben willst, dann verkaufe, was du hast, und gib das Geld den Armen. Damit wirst du im Himmel einen Schatz erwerben, der nicht mehr verloren geht. Dann komm und folge mir nach" (19,21). Aber als der junge Mann das hörte, „ging er traurig weg, denn er war sehr reich" (19,22). Sein Reichtum war ihm wichtiger als Gott zu dienen.

Der Abschnitt endet mit einer eindrucksvollen Aussage Jesu über die Gefahren, die das Vertrauen auf Geld und Reichtum mit sich bringt:

„Wahrlich, ich sage euch, ein Reicher hat es schwer, in das Himmelreich einzugehen! Und wiederum sage ich euch, ein Kamel kann leichter durch ein Nadelöhr eingehen, als ein Reicher in das Reich Gottes!" (19,23-24; Schlachter).

Das „Nadelöhr" war ein kleines Tor in der Stadtmauer Jerusalems. Um durch dieses Tor zu kommen, mußte man ein Kamel knien lassen und seiner ganzen Last entledigen. Nur so konnte das Tier mit viel Mühe durch das „Nadelöhr" kriechen.

Jesus wollte damit sagen, daß es für einen Reichen genauso schwer ist, in den Himmel zu kommen, wie für ein Kamel, durch dieses Tor. Denn wie das Kamel muß ein Reicher bereit sein, sich zu demütigen, und seine „Last" an Reichtümern ablegen; er muß Gott – und nicht den Reichtum – zu seinem Herrn und Meister machen.

Wenn Gott in Ihrem Geschäft an erster Stelle steht

Weiter oben sahen wir Jesus den Menschen sagen, daß sie nicht zugleich Gott und dem Mammon dienen können (Matthäus 6,24). Es ist interessant, daß er ihnen im selben Abschnitt auch sagt: „Sorget euch nicht um euer Leben, was ihr essen und was ihr trinken sollt, noch um euren Leib, was ihr anziehen sollt" (Matthäus 6,25; Schlachter).

Ist es nicht erstaunlich? Jesus sagt, daß wir nicht zugleich Gott und dem Geld dienen können. Und dennoch müssen wir uns keine Sorgen machen über unser Leben und all unsere materiellen Bedürfnisse. Welche Ironie! Menschen machen das Geld zur höchsten Priorität ihres Lebens, weil sie sich um ihre materiellen Bedürfnisse sorgen. Und sie denken, Geld zu besitzen sei der Weg, sich der Befriedigung dieser Bedürfnisse zu versichern.

Aber Jesus sagt hier, daß wir uns um diese Dinge nicht sorgen müssen, wenn wir Gott dienen und nicht dem Mammon. Ist dieses Prinzip nicht genau das Gegenteil von dem, was wir im allgemeinen glauben, zumindest in der Praxis?

Viermal versichert uns Jesus in dieser Passage, daß wir uns nicht um materielle Güter zu sorgen brauchen, wenn wir Gott an die erste Stelle unseres Lebens gestellt haben.

„Und wenn ihr euch noch so viel sorgt, könnt ihr doch euer Leben auch nicht um einen Augenblick verlängern" (Matthäus 6,27). „Weshalb macht ihr euch so viele Sorgen um eure Kleider?" (6,28) „Hört also auf, voller Sorgen zu denken: ‚Werden wir genug zu essen haben? Und was werden wir trinken? Was sollen wir anziehen?'" (Matthäus 6,21). „Wollt ihr denn leben wie die Menschen, die Gott nicht kennen und sich nur mit diesen Dingen beschäftigen? Euer Vater im Himmel weiß ganz genau, daß ihr das alles braucht" (Matthäus 6,32).

Haben Sie das mitbekommen? Jesus sagt, daß wir uns um solche Dinge nicht sorgen sollen, um Dinge, von denen die

Menschen glauben, daß sie sie bekommen, wenn sie dem Geld den Vorrang einräumen. Gott weiß längst ganz genau, was wir brauchen!

Erinnern Sie sich an meinen Freund Ted Baxter, der gesagt hat: „Geschäft ist Geschäft, und Kirche ist Kirche"? Er hatte etwas gegen die Vermischung von Glaube und Geschäft. Erinnern Sie sich, wie er sich um die Löhne und Gehälter seiner Mitarbeiter Sorgen machte? Wissen Sie was? Durch die oben zitierte Aussage beweist Jesus, daß Gott weiß, worüber sich ein Geschäftsmann Sorgen macht. Er weiß, was alles nötig ist, um ein Geschäft zu führen. Und er *weiß* es nicht nur, sondern er *verspricht,* für alles Nötige zu sorgen, wenn wir ihn zum Herrn und Meister unseres Geschäfts machen.

Schließlich weist uns Jesus an: „Trachtet aber zuerst nach dem Reich Gottes und seiner Gerechtigkeit, so wird euch solches alles hinzugelegt werden" (Matthäus 6,33; Schlachter). Was wird uns hinzugelegt werden? – Alles das, hinter dem die Ungläubigen her sind, indem sie das Geld zu ihrem Herrn und Meister machen. Und wie bekommen wir das alles? Indem wir Gott und nicht das Geld an die erste Stelle unseres Geschäfts stellen.

Wir sehen also, wie Gott allen Geschäftsleuten sagt: „Ihr habt die Wahl. Ihr könnt mir dienen oder dem Geld, aber nicht beiden zugleich. Deshalb müßt ihr euch entscheiden.

Wenn ihr mich wählt, müßt ihr euch nicht um die Bedürfnisse eures Geschäfts sorgen: solange ihr mich und mein Reich an die erste Stelle setzt, werde ich euch mit alledem versorgen, was andere Geschäftsleute dadurch zu bekommen versuchen, daß sie das Geld an die erste Stelle setzen."

Der Schlüssel zum wahren Erfolg ist deshalb, Gott zum Herrn unseres Geschäfts zu machen. Das heißt, wir sollen in unserem Leben und unserem Geschäft zuerst sein Reich und seine Gerechtigkeit suchen.

Satan veführt die überwiegende Mehrheit der Geschäftsleute zu der Annahme, der Weg zum geschäftlichen Erfolg sei das Geldverdienen; deshalb ist der Mammon ihr Herr und Meister geworden. Einen „gesunden Geschäftssinn" zu haben heißt für sie einfach, das zu tun, was am meisten Geld bringt. Und oberflächlich betrachtet erscheint das auch vernünftig. *Außerdem, meinen wir, muß es einfach schon deshalb die richtige Methode sein, weil es jeder so macht.*

Gott sagt jedoch dazu: „Es gibt einen Weg, der dem Menschen richtig scheint; aber sein Ende ist der Weg zum Tod" (Sprüche 14,12). Er sagt sogar, daß sich die menschlichen Gedanken und Wege grundsätzlich von den seinen unterscheiden (Jesaja 55,8). Das bedeutet, wir sollen Gottes Wort annehmen und ihm gehorchen – auch wenn es den weltlichen Formeln für Erfolg zu widersprechen scheint. Wenn wir das tun, werden wir angenehm überrascht werden.

Kenny Hughes ist ein Buschpilot, der daneben noch eine Reparaturwerkstatt in Alaska betreibt. „Es ist nicht lange her, da brauchte ich 3 500 Dollar und hatte sie nicht", erzählte er mir. „Vielleicht hätte ich zur Bank gehen und mir dort Geld leihen können, wie die meisten Leute. Aber statt dessen habe ich gebetet und Gott gesagt, daß ich das Geld nicht leihen werde. Wenn er wolle, daß ich die 3 500 Dollar besitze, dann könne er sie mir auch auf irgendeine Weise besorgen."

Lächelnd fuhr er fort: „Am nächsten Tag rief eine Versicherung an und bot mir eine zu Bruch gegangene Cessna-Privatmaschine für 1 500 Dollar an. Ich nahm an und telefonierte mit einigen Freunden, die Cessna-Ersatzteile brauchten. Allein der Motor hat schon 6 500 Dollar gebracht!"

Kenny strahlte, als er seine Geschichte beendete. „Weißt du, ich hätte die Sache in meine eigenen Hände nehmen und das Geld leihen können. Aber dadurch, daß ich Gott die Befriedigung meiner geschäftlichen Bedürfnisse zutraute, hatte ich nicht nur die 3 500 Dollar bekommen, die ich brauchte, sondern eine ganze Menge mehr!"

Kenny Hughes' Geschichte ist ein Musterbeispiel dafür, wie wir biblische Grundsätze in unserem Geschäft praktisch erproben können. Und sie funktionieren nicht nur, sondern sie sind auch weit besser als weltliche Methoden.

Sie sind am Zug

Ich kenne Sie nicht. Ich weiß nicht, wo Sie stehen in Ihrem geistlichen Wachstum, ich weiß nicht einmal, ob Sie überhaupt Christ sind. Noch weiß ich, welche Art Geschäft Sie betreiben – ob Sie Geschäftsinhaber sind oder Arbeitnehmer. Aber eins weiß ich: Gottes Wort ist wahr. Und wenn Gott sagt, er kennt unsere Bedürfnisse und will sie decken – unter der Voraussetzung, daß wir ihn vor dem Geld an die erste Stelle setzen –, dann können wir in einem Punkt sicher sein: daß es die Wahrheit ist.

Ich habe diese Tatsache in meinem eigenen Geschäft erprobt. Ich bin zahlreichen anderen Geschäftsleuten begegnet, die es ebenfalls erprobt haben. Auch Sie können es erproben.

Es ist nicht unbedingt leicht. Es kann sogar das Schwerste sein, das Sie in Ihrem Leben je getan haben. Die weltliche Philosophie hat die meisten von uns fest im Griff; es fällt uns gewöhnlich sehr schwer, gegen den Strom der öffentlichen Meinung zu schwimmen. Aber zahllose christliche Geschäftsleute auf dem Markt draußen wissen aus Erfahrung, daß es sehr wohl die Anstrengung lohnt.

Bevor Sie zum nächsten Kapitel weitergehen, möchte ich Sie gern herausfordern, eine Lebensübergabe an Gott vorzunehmen – wenn Sie das noch nicht getan haben. Erlauben Sie ihm, der Herr und Meister in Ihrem Geschäft zu sein. Lassen Sie mich einen einfachen Vorschlag dazu machen. Fangen Sie damit an, daß Sie eine Liste Ihrer Aktiva und Passiva machen. Die Passiva stehen für die Bedürfnisse, von denen Gott gesagt hat, daß er sie decken wird, wenn Sie ihn zu Ihrem Herrn machen und seinen Willen suchen.

Beten Sie dann über jedem Aktiv- und jedem Passivposten, und sagen Sie Gott, daß Sie sie sämtlich nach seiner

Leitung verwalten wollen. Bekräftigen Sie noch einmal, daß Sie ihm vertrauen wollen – und nicht der Bank –, daß er Ihre Passiva abdecken wird und daß Sie seinen Anweisungen gewissenhaft folgen werden, um diese Verpflichtungen zu erfüllen.

Danken Sie ihm schließlich dafür, daß er der Herr Ihres Geschäfts geworden ist, und bestätigen Sie Ihre Lebensübergabe an ihn jeden Tag neu.

Zusammenfassung

Viele glauben, man solle Gott und das Geschäft nicht vermischen. Sie argumentieren gern wie mein Freund Ted Baxter, der gesagt hat: „Geschäft ist Geschäft, und Kirche ist Kirche." Aber Gott möchte nicht nur in das Geschäft eines jeden Christen einbezogen werden, sondern er erwartet es geradezu.

Wenn Gott die Nummer eins in unserem Geschäft sein soll, dann muß er für uns wichtiger werden als Geld. Wie wir in Matthäus 6,24 gesehen haben: „Ihr könnt nicht Gott dienen und dem Mammon." Wir müssen uns für einen von beiden entscheiden.

Wenn wir uns für den Mammon entscheiden, werden wir nie zufrieden sein. „Wer Geld liebt, wird des Geldes nimmer satt", wie es in Prediger 5,9 heißt.

Wenn der Mammon unser Herr und Meister ist, laufen wir außerdem Gefahr, Gott zu vergessen, und lassen uns zu der Ansicht verführen, es sei unser untrüglicher Geschäftssinn, dem wir unseren Erfolg verdanken. Das 5. Buch Mose warnt, „daß dein Herz sich alsdann nicht erhebe und du vergessest des HERRN, deines Gottes, und daß du nicht sagest in deinem Herzen: Meine eigene Kraft und meine fleißigen Hände haben mir diesen Reichtum verschafft" (5. Mose 8,14.17).

Wenn wir jedoch Gott unseren Herrn und Meister sein lassen, haben wir die Verheißung, daß wir uns nicht wegen unserer finanziellen Bedürfnisse sorgen müssen. Genau in diesem Punkt fordert uns Jesus heraus (Matthäus 6,25-34). Er versichert uns außerdem, daß er um unsere Bedürfnisse weiß, und daß er sie alle decken wird, wenn wir Gott an die erste Stelle setzen und nicht das Geld.

Persönliche Nutzanwendung

1. Lesen Sie Matthäus 6,24. Warum, glauben Sie, sagt Jesus: „Ihr könnt nicht Gott dienen und dem Mammon"?
2. Lesen Sie Matthäus 6,25-34, und suchen Sie alles das aus, worüber Jesus uns sagt, daß wir uns nicht sorgen sollen.
   ▷ Worüber machen Sie sich in Ihrem Geschäft in diesem Moment Sorgen?
   ▷ Was sind die Wurzeln dieser Sorgen?
   ▷ Vertrauen Sie diese Dinge Gott an, und bitten Sie ihn, ihnen zu helfen, sich darüber keine Sorgen mehr zu machen.
3. Lesen Sie Matthäus 6,32-33.
   ▷ Welche Engpässe haben Sie im Moment in Ihrem Geschäft? Machen Sie eine Liste.
   ▷ Beten Sie täglich, und bitten Sie Gott, diese Engpässe zu überwinden, und danken Sie ihm für die Erhörung.

4
Gott –
Ihr Mehrheitsteilhaber

Eine Grundstückerschließungsgesellschaft wollte mich als Berater haben. Als wir Verhandlungen darüber führten, sagte einer der Angestellten: „Bevor wir eine Entscheidung treffen, müssen wir unseren Mehrheitsteilhaber George Bunting fragen. Wir tun nichts ohne seinen Rat und seine Zustimmung."

Als ich das Büro verließ, wurde ich an die Tatsache erinnert, daß *Gott* der Mehrheitsteilhaber des Christen sein soll. Bevor wir unsere geschäftlichen Entscheidungen treffen, sollen wir Gottes Rat und Zustimmung einholen. Für einige von uns ist das jedoch leichter gesagt als getan.

Das Problem der Macht

Wie wir schon gesehen haben, wollen Geschäftsinhaber Geld verdienen. Aber die meisten verfolgen zumindest noch ein weiteres Ziel: sie wollen auch das Sagen haben. Ich muß zugeben, daß mich persönlich die Macht des Eigentümers sehr reizt. Ich liebe die Vorstellung sehr, „mein eigenes" Geschäft zu besitzen. Vielleicht sind Sie reifer als ich, aber für mich klingt der Ausdruck „mein Geschäft" ausgesprochen wohl in den Ohren.

Es macht mir Freude, das letzte Wort zu haben, Entscheidungen zu treffen, Risiken einzugehen und die Früchte zu ernten, wenn „ich" Erfolg hatte. Das Gefühl, daß „ich" die Macht habe, bereitet mir eine große Befriedigung.

Darüber hinaus habe ich oft das Gefühl, daß ich auch ein *Recht* auf die Macht habe, da ich doch das ganze Risiko trage. Mit „meinem" Geld habe ich das Geschäft aufgemacht, „meine" Zeit habe ich aufgewendet, um aus nichts etwas zu machen. Und „meine" Ideen haben die Probleme gelöst.

Eine derartige Einstellung macht es vielen Geschäftsleuten schwer, ihr Geschäft in Gottes Hände zu legen. Freilich geben einige von ihnen Lippenbekenntnisse darüber ab, aber wenn es dazu kommt, tatsächlich Gottes Willen in einer Geschäftsentscheidung zu suchen oder Gott über das Geld zu stellen, erweisen diese Bekenntnisse sich als hohl.

Während einer Kaffeepause auf einem Mangementseminar erzählte mir Martha Nettles, Inhaberin eines Reisebüros, lächelnd: „Ich habe überhaupt keine Probleme damit, mein Geschäft Gott anzuvertrauen, wenn es ans Zahlen von Rechnungen geht. Aber sobald ich ein paar gute Touren buche, bin ich sofort bereit, es wieder rückgängig zu machen." Sie zuckte mit den Achseln. „Ich gebe es ungern zu, aber ich fürchte, ich will mir Gott nur warm halten, damit er meine Probleme löst, und nicht, daß er mir wirklich bei der Führung des Geschäfts entsprechend seinem Willen hilft."

Als wir in den Versammlungssaal zurückkehrten, meinte sie: „Offen gestanden, ich vermute, daß ich freie Hand haben möchte, mein Geschäft so zu führen, wie ich will. Ich halte mich nur an Gott, damit er meine Pläne und Entscheidungen absegnet."

Als ich nach vorne ging, um die nächste Sitzung des Seminars zu eröffnen, mußte ich mir eingestehen, daß auch ich schuldig war, ähnliche Gefühle zu hegen. Statt *Gott* zu fragen, was ich tun soll, sage ich bisweilen gern: „Lieber Gott, das und das will *ich* tun – bitte segne es." Aber die ganze Zeit versuche ich mich davon zu überzeugen, daß ich mich in meinem Leben und in meinem Geschäft nach Gottes Willen richte.

Weltliches Leben kontra geistliches

Satan hat mit seiner Verführungskunst viele von uns zu dem Glauben gebracht, unser Leben sei plötzlich zweigeteilt, wenn wir Christen geworden sind – in unser „christliches", geistliches Leben und in unser „weltliches", nichtgeistliches.

Wenn es ihm gelingt, uns davon zu überzeugen, daß wir jetzt zwei Leben haben – ein geistliches und ein weltliches –, ist es sein nächstes Ziel, uns zu der Ansicht zu bringen, unser „geistliches" Leben sei auf Handlungen jener Art beschränkt, die wir im Rahmen der Gemeinde und unseres Privatlebens betreiben. All unser übriges Bestreben aber – nämlich jenes in der Geschäftswelt – sei „weltlich" und habe keine „geistliche" Bedeutung. Wenn wir also dann sagen, daß Jesus Christus der „Herr unseres Lebens" ist, meinen wir damit nur das „geistliche" Leben. In unserem „weltlichen" Geschäftsleben können wir dann nach wie vor frei schalten und walten.

Diese Sicht widerspricht aber exakt dem, was der Herr für uns will. Die Bibel trennt unser Leben nie in ein „geistliches" und ein „weltliches". Wenn wir Jesus Christus als unseren Retter und Herrn annehmen, wird er der Herr *aller* Bereiche unseres Lebens – innerhalb und außerhalb unseres Geschäfts.

Wenn Gott der Herr unseres Lebens wird

Ein amerikanisches Wörterbuch definiert „*Herr*" als „jemand im Besitz der höchsten Gewalt und Vollmacht". Wenn Jesus Christus der Herr unseres Lebens wird, bedeutet das also, daß er die höchste Gewalt und Vollmacht über uns besitzt. Wir werden seine „Knechte". Dasselbe Wörterbuch definiert „*Knecht*" als „Sklave oder Leibeigener".

Paulus sagt uns etwas Ähnliches: „Aber jetzt seid ihr frei von der Sünde und dient Gott als seine Knechte. Daraus ergibt sich, daß ihr tut, was Gott gefällt, und er euch das ewige Leben schenkt" (Römer 6,22). Und ebenso sagt er im 1. Korintherbrief:

„Oder habt ihr etwa vergessen, daß euer Leib ein Tempel des Heiligen Geistes ist, den euch Gott gegeben hat? Ihr gehört also nicht mehr euch selbst. Gott hat einen hohen Preis gezahlt, um euch freizukaufen; deshalb dient nun auch mit eurem Leib dem Ansehen Gottes in der Welt" (1. Korinther 6,19-20).

Ein hoher Preis! Wir gehören also tatsächlich ihm. Wir sind sein Eigentum – mit Haut und Haaren.

Ich hatte immer gedacht, daß sich der Satz „Gott hat einen hohen Preis gezahlt, *um euch freizukaufen*" auf unsere Rettung bezieht – daß Jesus Christus mit seinem Kreuzestod unser ewiges Leben bezahlt hat.

Ich wollte den Teil über das ewige Leben glauben, war aber nicht so sicher, daß er auch der „Herr meines zeitlichen Lebens" war. Aber dieser Text in 1. Korinther beweist eindeutig – er hat uns *gekauft*. Unser Leib gehört ihm, jede einzelne Zelle.

Lassen Sie mich an dieser Stelle eines fragen: Wenn ich als Christ Gott gehöre und als Geschäftsmann ein Geschäft habe, wem gehört dann das Geschäft? Wenn Sie jetzt „Gott" sagen, dann liegen Sie richtig. Wenn wir Gott gehören, dann gehört auch alles, was wir haben, ihm.

Paulus zieht die Folgerung aus dieser Beziehung in Philipper 3,7-8 so:

„Aber was mir Gewinn war, das habe ich um Christi willen für Schaden gerechnet; ja ich achte nun auch alles für Schaden gegenüber der alles übertreffenden Erkenntnis Christi Jesu, meines Herrn, um dessentwillen ich alles eingebüßt habe, und ich achte es für Unrat, damit ich Christus gewinne" (Schlachter).

Paulus hatte begriffen, was es bedeutet, Jesus Christus zum Herrn seines Lebens zu machen. Ihm wurde klar, daß alles, was er besaß, Gott gehörte, da Gott ihn durch Jesu Tod am Kreuz gekauft hatte. Wie sagt der Apostel? – „Ich achte nun auch alles für Schaden gegenüber der alles übertreffenden Erkenntnis Christi Jesu, meines Herrn, um dessentwillen ich alles eingebüßt habe, und ich achte es für *Unrat,* damit ich Christus gewinne."

Paulus sagt, daß es wohl wert war, Jesus Christus anzunehmen und dafür ewiges Leben zu bekommen. Denn als er sich Gott übergab, war nicht länger er der Inhaber des Zeltmachergeschäfts – sondern Gott. Noch mehr: Paulus betrachtete sein Geschäft als „Unrat" verglichen mit dem Gewinn, den es bedeutet, Jesus Christus als persönlichen Retter zu gewinnen. Jesus war gewissermaßen der Mehrheitsteilhaber bei Paulus geworden. Er hatte jetzt die Entscheidungsvollmacht über alles, was Paulus hatte.

Wenn Sie Jesus Christus als Ihren persönlichen Retter und Herrn Ihres Lebens annehmen wie Paulus, dann sind Sie Gottes Eigentum. Und wenn Sie ihm gehören, gehört ihm Ihr Geschäft genauso. Gott wird Ihr Mehrheitseigner mit der Entscheidungsvollmacht über alles, was Sie besitzen.

Wenn Gott unser Mehrheitsteilhaber wird

Wie ich schon gesagt habe, möchten die meisten Unternehmer und Manager alles selbst in der Hand haben. Deshalb ist es nicht immer leicht für uns, Christus als unseren Herrn anzunehmen und ihm unser Geschäft anzuvertrauen. Denn wir fürchten, unsere geliebte Macht zu verlieren.

Ich weiß noch, welche Kämpfe es bei mir in dieser Sache gegeben hat. Ich hatte hart gearbeitet, um mein Geschäft in Schwung zu bringen. Ich hatte ihm einen guten Namen gemacht und fürchtete, daß Gott vielleicht etwas damit an-

59

fangen könnte, was meinen eigenen Wünschen zuwiderlief, wenn ich ihm die Kontrolle überließ. Vielleicht würde er mir sogar sagen, ich solle mit meinem Leben etwas anderes anfangen!

Wegen solcher Befürchtungen hat es mich viel Zeit gekostet, an den Punkt zu kommen, an dem ich sagen konnte: „In Ordnung, Gott, du bist mein Mehrheitspartner. Ich gebe dir das alleinige Stimmrecht über mein Geschäft."

Einer der Verse, die mir letzten Endes halfen, diese Entscheidung zu treffen, ist Jeremia 29,11: „Denn ich weiß, was für Gedanken ich über euch habe, spricht der HERR, Gedanken des Friedens und nicht des Leides, euch eine Zukunft und eine Hoffnung zu geben." Außerdem entdeckte ich Hiob 22,21: „Befreunde dich doch mit ihm (Gott) und mache Frieden! Dadurch wird Gutes über dich kommen."

In diesen Versen sagt uns Gott, daß er einen ganz besonderen Plan für uns hat, daß wir gedeihen, wenn wir uns mit ihm versöhnen. Dieses Versprechen ist nicht nur auf unser Geschäft beschränkt. Er will, daß wir in *allen* Lebensbereichen gedeihen – auch in unserer Familie, in unseren sonstigen Beziehungen, in unserer Lebensqualität und so weiter. Wir müssen uns ihm nur unterordnen!

Und welche Überraschung: Indem wir uns Gott hingeben, verlieren wir mitnichten die Kontrolle! Im Gegenteil: Gott hilft uns, alle Bereiche unseres Lebens *unter Kontrolle zu bekommen*. Wir geben nicht ein Geschäft auf, sondern wir gewinnen einen Partner – einen Partner, der sagt: „Ich will dich unterweisen und dir den Weg zeigen, den du wandeln sollst; ich will dich beraten, mein Auge auf dich richtend" (Psalm 32,8).

Das hört sich nicht nach einem Geschäftspartner an, der uns alles wegnimmt; im Gegenteil: er scheint jemand zu sein, der sich vorbehaltlos verpflichtet, uns zu helfen, zu belehren, zu beraten, so daß wir so erfolgreich wie nur möglich werden!

Ich weiß nicht, wie es bei Ihnen ist, aber ich benötige diese Art Hilfe zur Führung meines Geschäfts dringend. Ich weiß von keinem Berater, der für Ihr Geschäft mehr tun könnte als das, was Gott verspricht! Und glauben Sie mir, er hat seine Vertrauenswürdigkeit als Mehrheitseigner immer wieder bewiesen.

Vor einigen Jahren waren mein damaliger Kompagnon und ich auf der Suche nach einem Vizepräsidenten der Marketingabteilung unserer Produktionsfirma *Sunlight Industries*. Wir hatten das Unternehmen bis zu einem Punkt gebracht, wo wir an die Grenzen unserer beschränkten Kenntnisse über Verkauf und Marketing stießen. Jetzt wollten wir endlich einen Fachmann anheuern.

So holten wir uns Rat bei Leuten, die größere Unternehmen leiteten als wir. Wir fragten sie, wie sie ihre Marketingleute gefunden hatten. Einige sagten uns, wir sollten damit berufsmäßige „Kopfjäger" beauftragen – Leute, die dafür bezahlt werden, Führungskräfte zu vermitteln. Andere rieten uns, in führenden Tageszeitungen und Wirtschaftsblättern zu inserieren. – Es sah so aus, als hätte jeder ein anderes Rezept anzubieten.

Unsere Suche komplizierte sich weiter durch die Bedingung, daß unser neuer Vizepräsident Christ sein sollte. Außer über Erfahrung in Marketing, Verkauf und Management sollte er auch den gleichen biblischen Grundsätzen des Managements und des Geschäfts verpflichtet sein wie wir.

Als ich mir den Mann vorstellte, nach dem wir Ausschau hielten, war ich sicher, daß wir niemals jemanden mit den entsprechenden Qualifikationen finden würden. Außerdem würden die gesetzlichen Vorschriften gegen Diskriminierung, wie sie in den Vereinigten Staaten gelten, niemals ermöglichen, per Anzeige einen überzeugt christlichen Mitarbeiter zu suchen. Ich war fast am Rande der Verzweiflung.

Schließlich entschieden wir uns, eine Anzeige im *Wall Street Journal* zu schalten, und ich machte mich daran, den Text zu entwerfen. Aber eines Abends kam mein Kompagnon Jerry zu mir nach Hause und sagte: „Ich glaube, wir

sollten das Problem mit dem neuen Mitarbeiter Gott über-
lassen, er soll uns die Person besorgen, die er haben will."

Ich war mir nicht ganz sicher, ob Gott nebenbei auch eine
Arbeitsvermittlung betreibt, aber ich stimmte Jerry zu. Wir
beschlossen, zu beten und Gott um Hilfe zu bitten, damit
wir die richtige Person finden konnten. Wir verbrachten den
Abend im Gebet und sagten Gott, was für einen Mitarbeiter wir suchten. Wir erwähnten, wie wichtig es sei, daß er in
Verkauf und Marketing hochqualifiziert war, und wir beton-
ten, daß wir einen gläubigen Christen haben wollten, jemanden, der biblische Grundsätze im Geschäft anwenden
würde.

Ein paar Tage später flog ich nach Seattle, um dort ein
Managementseminar abzuhalten. Meine Frau kam mir am
nächsten Tag nach. Als ich sie am Flughafen abholte, über-
gab sie mir einen Zettel mit der Bemerkung: „Ich habe im
Flugzeug ein paar sehr interessante Leute kennengelernt.
Dazu waren sie auch noch aus (unserem Wohnort) Colorado
Springs. Als ich ihnen von deinem Geschäft erzählte und
daß du nach einem Marketing- und Verkaufsmanager
suchst, gaben sie mir den Namen eines Herrn, der gerade
von Texas nach Colorado Springs gezogen ist. Er heißt Jim
Ander. Sie haben gesagt, er hätte jede Menge Erfahrung im
Marketing."

Ich steckte den Zettel in meine Tasche und vergaß ihn, bis
er mir nach dem Seminar zu Hause wieder in die Hände fiel.
Ich rief Jim an und verabredete mich mit ihm.

Im Lauf unserer Unterhaltung kam heraus, daß er große
Erfahrung in internationalem Marketing hatte und ein fei-
ner Christ war, der sich zur Selbstverständlichkeit gemacht
hatte, ein Geschäft nach biblischen Grundsätzen zu führen.
Und das Tüpfelchen auf dem I war, daß er direkt in Colorado Springs wohnte!

Ich konnte es kaum glauben. Wir waren bereit gewesen,
Tausende von Dollar auszugeben, einen Marketingdirektor
zu suchen und auch noch seinen Umzug zu bezahlen, weil
unsere Geschäftsfreunde uns sagten, daß wir es so machen

sollten. Aber als wir beteten und Gott baten, die Person auszusuchen, die *er* wollte, fanden wir unseren neuen Vize direkt nebenan.

Wenn Gott einen Mitarbeiter auswählt, können Sie immer sicher sein, daß er genau die Person ist, die Sie brauchen. Als Jim Ander unsere kleine Firma übernahm, lagen die Verkäufe bei einer Viertelmillion Dollar pro Jahr. Binnen Jahresfrist hat er in einem einzigen Monat soviel verkauft! Und damit nicht genug – Jim wurde einer der besten Freunde, den man nur haben kann.

Gott hat mir mit dieser Erfahrung eine wichtige Lektion erteilt. Wenn Sie ein Problem Gott übergeben und dann auf seinem Weg vorangehen, macht er alles besser, als Sie es selber könnten. Aber das ist eigentlich nicht verwunderlich. Denn Gott hat ja in Psalm 32,8 versprochen, daß er uns den Weg zeigen will, den wir bei unseren Geschäften gehen sollen. Er hat das nur bestätigt, als er uns Jim Ander brachte.

Trotzdem lerne ich immer noch eine Menge dazu, wie man nach dieser Wahrheit im Alltag lebt. In Lukas 9,23 sagt Jesus: „Wer mir folgen will, darf nicht mehr an sich selbst denken; er muß sein Kreuz willig auf sich nehmen und mir nachfolgen."

In diesem Vers sagt der Herr, daß ich bei jeder Entscheidung wählen muß, ob ich meinen eigenen Weg gehen will, oder ob ich Gottes Rat suche. Ich muß mich entscheiden, wer das Vetorecht haben soll: ich oder Gott. Und wenn Gott auch mein Mehrheitspartner im Gespräch sein will, mit der Entscheidungsvollmacht über mein Leben, so zwingt er sich mir doch niemals mit Gewalt auf.

Wie wir in Jeremia 29,11 und Psalm 32,8 gesehen haben, will Gott nur das Allerbeste für uns. Daher ist es unsere Aufgabe, seine Verheißungen beim Wort zu nehmen und ihm zu vertrauen, daß er in unserem ureigensten Interesse handelt.

Inwieweit wird Gott in Ihr Geschäft einbezogen?

Als Jerry und ich uns anfangs überlegten, was für einen Mann uns Gott als neuen Vize schicken sollte, hatte ich einige Vorbehalte. Ich machte mir Gedanken darüber, inwieweit wir bei Gott überhaupt ins Detail gehen können. Ich wußte, daß Gott sich um unsere Bedürfnisse kümmert, aber einiges auf unserer Liste schien auf pure subjektive Vorlieben und Wünsche hinauszulaufen.

Als ich das mit Jerry besprach, erinnerte er mich, was Gott in den Psalmen verspricht:

„Habe deine Lust an dem HERRN, so wird er dir geben, was dein Herz begehrt! Befiehl dem HERRN deinen Weg und vertraue auf ihn, so wird er handeln" (Psalm 37,4-5).

Diese Verse machen deutlich, daß Gott nicht nur daran interessiert ist, unsere Grundbedürfnisse zu decken (etwa das nach einem Mitarbeiter), sondern sich auch um unsere Wünsche sorgt (etwa nach den besonderen Qualifikationen eines Mitarbeiters).

Ich glaube, manchmal lassen wir uns von dem Vorurteil gefangennehmen, Gott sei nur an der Deckung unserer Grundbedürfnisse interessiert – Nahrung, Kleidung und Obdach. Aber Psalm 37,4 macht deutlich, daß er uns geben will, was unser Herz begehrt, solange wir „unsere Lust an ihm haben", das heißt, solange wir ihn nur an die erste Stelle setzen.

Jerry und ich hätten für einen gewöhnlichen Vizepräsidenten beten können – und genau den hätten wir dann auch bekommen. Aber Gott möchte, daß wir spezielle Wünsche äußern. Er möchte bis in die Einzelheiten unserer Firma einbezogen werden.

In den letzten Jahren habe ich gelernt, daß Gott sich in dem Maß, in dem wir ihn bitten, an unserem Geschäft beteiligt – oder eben nicht beteiligt. Wie Sie wollen. Die Wahl liegt bei Ihnen. Wie Jesus selbst gesagt hat:

„Bittet Gott, und er wird euch geben! Sucht, so werdet ihr finden! Klopft an, dann wird euch die Tür geöffnet! Denn wer bittet, der wird bekommen. Wer sucht, der findet. Und wer anklopft, dem wird geöffnet. Wenn ein Kind seinen Vater um ein Stück Brot bittet, wird er ihm dann einen Stein geben? Wenn es um einen Fisch bittet, wird er ihm dann eine giftige Schlange anbieten? Wenn schon ihr hartherzigen, sündigen Menschen euern Kindern Gutes gebt, wieviel mehr wird euer Vater im Himmel denen gute Gaben schenken, die ihn darum bitten!" (Matthäus 7,7-11).

Ich frage micht oft, wieviel unnütze Arbeit ich mir selbst mache, wie viele unnützen Ausgaben ich mir an den Hals hänge und wie oft ich gute Geschäfte einfach deshalb versäume, weil ich die Wahrheit dieser Verse nicht in meinem Leben und meinem Geschäft umsetze.

Ich denke, dieser Abschnitt sollte eigentlich eingerahmt auf dem Schreibtisch aller Geschäftsleute stehen. Wir verschwenden alle miteinander Zeit, Geld und Energie, weil wir Gott nicht erlauben, sich mehr um die Einzelheiten unseres Lebens und unseres Geschäfts zu kümmern!

Gott drängt sich uns niemals auf. Anders als viele Geschäftsleute wird er niemals die Macht übernehmen, wenn er nicht willkommen ist. Er respektiert immer die Sphäre anderer. Wenn jedoch seine Hilfe gebraucht wird, ist er immer zur Stelle. Wenn Sie ihm ein Problem bringen, hat er stets die rechte Antwort. Und kein Problem ist ihm zu groß oder zu klein.

Eine persönliche Herausforderung

Im 3. Kapitel habe ich Sie herausgefordert, eine Verpflichtung einzugehen. Ich bat Sie, lieber Gott als das Geld zum Herrn Ihres Lebens zu machen. Ich möchte Sie nun gern herausfordern, daß Sie ihn zu Ihrem Mehrheitsteilhaber machen – zu einem Partner, der den Stichentscheid in

Ihrem Geschäft hat. Ich meine damit, Sie gehen eine Verpflichtung ein, daß Sie stets Gottes Rat bei Ihren Entscheidungen einholen. Daß Sie seinen Willen über Ihren stellen. Daß Sie, wenn Sie planen, Gott um entsprechende Leitung bitten.

Wenn Gott Ihr Mehrheitspartner ist, werden Sie sein Urteil, seinen Rat und seine Ansichten respektieren. Wenn Sie ihn um seine Hilfe bitten, und er gibt Ihnen die entsprechenden Direktiven, dann werden Sie sie nicht zurückweisen; Sie werden ihm dafür danken und auch entsprechend handeln.

Wenn Sie das tun, so werden Sie erfahren, was wirklicher Erfolg im Geschäft ist. Sie werden eine Erfüllung in Ihrem Leben und bei Ihren geschäftlichen Aktivitäten entdecken, wie Sie sie nie gekannt haben. Und während Sie Gott zum Herrn Ihres Geschäfts machen, werden Sie entdecken, daß Gott Pläne und Ziele für Ihr Geschäft hat, welche Ihre kühnsten Träume noch übertreffen.

Zusammenfassung

In diesem Kapitel haben wir uns vor allem damit beschäftigt, daß Gott der Mehrheitseigner unseres Geschäfts sein will. Den meisten von uns Geschäftsleuten fällt es jedoch schwer, unsere Macht als Eigentümer oder Manager abzugeben.

Wir denken normalerweise, wir hätten „ein Recht", unsere eigene Firma zu führen, denn wir halten schließlich den Kopf hin; wir investieren unsere Zeit, unsere Energie und unser Geld, um den Erfolg unseres Geschäfts zu sichern.

Als christliche Geschäftsleute müssen wir uns jedoch darüber klar werden, daß wir Gott den Platz des Mehrheitsteilhabers schulden. Er sollte das Entscheidungsrecht in unserer Firma haben. Im 1. Korintherbrief wird gesagt, daß Gott uns teuer erkauft hat. Wir gehören jetzt ihm – nicht mehr uns (6,19-20). Wenn er uns besitzt, besitzt er auch alles, was wir haben. Er ist zur „Mutterfirma" geworden, die alles beherrscht, was wir haben und tun.

Wenn wir Gott einladen, unser Mehrheitspartner zu werden, verspricht er, uns zu „unterweisen und den Weg zu zeigen" (Psalm 32,8). Gott möchte persönlich in die großen und kleinen Dinge unseres Geschäfts einbezogen werden. Er möchte kein Aushängeschild sein. Er möchte nicht, daß wir nur beten: „Segne unser Geschäft", er möchte in die alltägliche Planung und Entscheidungsfindung einbezogen sein.

Gott wird sich in dem Maß an Ihrem Geschäft beteiligen, wie Sie es wünschen. Aber seine Mitwirkung beginnt erst dann, wenn er dazu eingeladen wird.

Persönliche Nutzanwendung

1. Betrachten Sie 1. Korinther 6, 19-20.
   ▷ Haben Sie je über die Tatsache nachgedacht, daß Sie Gottes Eigentum sind, sobald Sie Christ werden?
   ▷ Inwiefern beeinflußt das Ihre Sicht von Ihrem persönlichen Besitz?
   ▷ Welchen Einfluß hat es auf die Art, wie Sie Ihr Geschäft betreiben, Ihre Zeit verbringen, Ihre Pläne machen, Ihr Geld ausgeben?
2. Lesen Sie Jeremia 29,11 und Psalm 32,8.
   ▷ Welche Schritte wollen Sie unternehmen, um Gott mehr an Ihrem geschäftlichen Planungsprozeß zu beteiligen?
   ▷ Machen Sie eine Liste der Pläne oder Probleme, die Sie momentan beschäftigen. Verwenden Sie tagtäglich Zeit darauf, mit Gott zu besprechen, was getan werden soll.
3. Lesen Sie noch einmal die Geschichte über Jim Ander in diesem Kapitel. Welche Prinzipien daraus können Sie eventuell dazu bringen, Gott zu Ihrem Mehrheitspartner im Geschäft zu machen?

5
Die Geschäftswelt – Ihr Missionsfeld

Vor vielen Jahren nahm mich der Pastor der Gemeinde, in die wir gingen, zu einem kurzen Gespräch beiseite. „Myron", sagte er in einem geheimnistuerisch-salbungsvollen Ton, „ich glaube, Gott ruft dich in den Dienst!"

Diese kleine Enthüllung hat mich, gelinde gesagt, überrascht. Ich hatte immer angenommen, daß der Eintritt in den „Dienst" ein vollzeitliches Engagement in einer Gemeinde oder als Missionar erfordert. Und weil ich niemals einen „Ruf" zu einer derartigen Aufgabe erhalten hatte, konnte ich mich offen gestanden nicht *im Dienst* vorstellen. Ganz abgesehen davon hatte ich mir vorgenommen, Karriere in der Geschäftswelt zu machen – die mir dann ermöglichen würde, jene finanziell zu unterstützen, die „einen Ruf" bekommen *hatten*.

Satans „makellose Verführung"

Wie wir in einem früheren Kapitel erörtert haben, ist Satan der Oberverführer. Er ist nicht das rote Gespenst mit Hörnern, Schwanz und Mistgabel, als das er oft dargestellt wird. Die Bibel beschreibt ihn als den „Fürsten dieser Welt", den „Gott dieses Zeitalters", den „Engel des Lichts".

Eine seiner größten Verführungen hat er bei der christlichen Gemeinde gelandet. Wie schon kurz in Kapitel 4 erwähnt, hat Satan Christen zu der Annahme verführt, wir hätten zwei Leben – ein *geistliches*, religiöses, und ein *weltliches*, nichtreligiöses.

Dies ist kein biblisches Konzept – es stammt von Satan. Nirgendwo billigt uns die Heilige Schrift zwei nebeneinanderher laufende Leben zu, ein „geistliches" und ein „weltliches". Satan hat einen durchsichtigen Grund für diese Lüge: Haben wir einmal diese Dualität akzeptiert, so ist es für ihn leichter, uns glauben zu machen, Vorbedingung für den christlichen Dienst sei ein geistlicher „Ruf".

Wie Sie sehen, hat der Großteil der Christenheit den Gedanken vom „Ruf" akzeptiert. Die Grundidee ist: Gott „ruft" nur wenige in die „vollzeitliche christliche Arbeit". Falls Sie einer von den *wenigen Erwählten* sind, die in diese Art Dienst gerufen wurden, dann können Sie nur einen „religiösen" Beruf haben. Sie können Pastor werden, Missionar und dergleichen. Aber bedenken Sie, nur *wenige* innerhalb der Christenheit werden in den vollzeitlichen christlichen Dienst berufen.

Dies bedeutet, daß der Rest von uns – bei weitem die Mehrheit der Christen – *nicht* „berufen" ist; wir sind frei, in der säkularen Welt zu arbeiten, wo es unser Hauptbestreben ist, die Handvoll „vollzeitliche christliche Arbeiter" finanziell zu unterstützen. Aber wir tragen für den „Dienst" nicht wirklich Verantwortung, weil das ein *geistlicher* Beruf ist, den nur die ausüben, die den „Ruf" erhalten haben.

Welch meisterhafter Plan, Christen im Zustand der Unbrauchbarkeit für Gott zu halten! Er schafft eine Masse blutleerer „Zuschauerchristen", die von den Rängen zusehen, wie ein kleines Kommando von Gläubigen versucht, Satan in der Welt zu bekämpfen. Was Wunder, daß Satan den Kampf immer wieder scheinbar gewinnt.

Satan hat der Christenheit eine weitere Verführung angedreht. Er hat uns davon überzeugt, daß unser geistliches Leben eine *private* Angelegenheit ist und unser weltliches Leben eine *öffentliche*. Wie bequem! Sobald wir dieser Lüge glauben, marschieren wir direkt in Satans Simplifikationsfalle: Da das geistliche, religiöse Leben Privatangelegenheit ist, sollen wir bei anderen diese Sphäre respektieren und uns statt dessen aufs Weltliche konzentrieren – denn es

70

ist ja öffentlich – und unsere ganzen Beziehungen und Handlungen *darauf* beschränken.

Sind wir erst einmal auf Satans Konzept vom öffentlichen und privaten Leben hereingefallen, so ist er in der Lage, uns Nervosität und Schuldgefühle einzuflößen, sobald wir geistliche Prinzipien und Inhalte bei jemandem in der Wirtschaft zur Sprache bringen. Da der Markt zum säkularen, öffentlichen Teil des Lebens gehört, ist er – so die logische Folgerung – sicher nicht dazu geeignet, über solch private Dinge wie Glauben zu sprechen.

Folglich ist die Geschäftswelt voller Leute, die vergeblich nach Antworten auf ihre persönlichen Fragen Ausschau halten. Und obwohl der Christ in der Wirtschaft die Antwort und die Lösung für diese Probleme besitzt, hält er gewöhnlich seinen Mund aus Angst, jemandem zu nahe zu treten.

Dies gibt Satan freie Hand, die Geschäftswelt mit allen möglichen falschen religiösen Sekten und Ismen zu bombardieren, die aufrichtig Suchende davon überzeugen, daß Jesus Christus nicht die Antwort auf ihre Probleme ist. Und so kommen diese Suchenden dazu, Jesus Christus abzulehnen – dabei hatten sie nie Gelegenheit, ihm zu begegnen – und das Christentum zu kritisieren – das sie nie in der Praxis erlebt haben.

Wenn Satan die Schlacht um den Markt gewinnt, dann deshalb, weil wir auf der Zuschauertribüne sitzen; Satan hat uns zu der Annahme verführt, es sei nicht unsere Aufgabe, die Welt mit dem Evangelium zu erreichen, und wir müßten nur jene unterstützen, die den „Ruf" erhalten haben.

Ich hatte einmal ein Einstellungsgespräch mit einem jungen Mann namens Jason. Er hatte gerade ein vierjähriges Bibelseminar abgeschlossen. Im Verlauf des Gesprächs sagte er: „Als ich ins Bibelseminar ging, dachte ich, Gott ruft mich in eine christliche Arbeit, aber nach der Abschlußprüfung hat sich mir keine Tür in diese Richtung aufgetan. Ich vermute, das bedeutet, daß Gott mich nicht in einem vollzeitlichen christlichen Dienst haben will. Also halte ich nach einer Stellung im EDV-Bereich Ausschau."

Als ich ihn fragte, warum er sich gerade für dieses Fachgebiet interessiere, meinte er: „Man kann da einen Haufen Geld verdienen und sich eine sichere Zukunft aufbauen. Ich denke, es gibt hier mehr Möglichkeiten zu einer steilen Karriere als auf irgendeinem anderen Gebiet."

Ich war völlig erschlagen. Hier war ein junger Mann, der *vier Jahre* lang eine Bibelschule besucht hatte. Aber weil man ihm nicht sofort eine Stellung in einer Kirche angeboten hatte, schloß er, daß er zu einem vollzeitlichen christlichen Dienst nicht *berufen* sei. Deshalb fühlte er sich frei, Karriere zu machen und finanzielle Sicherheit anzustreben!

Jason ist ein Musterbeispiel dafür, wie erfolgreich Satan ein Netz der Verführung in den Herzen und Köpfen der Christenheit spinnt. Er hat die Gläubigen eingelullt in Gleichgültigkeit, Selbstzufriedenheit und Apathie. Er hat uns zu der Auffassung verführt, wir hätten das Recht, uns in Ehren geistlich zur Ruhe zu setzen. Unterdessen verschlingen er und seine Armee von Helfershelfern die Geschäftswelt mit allen Beteiligten.

Gottes Schlachtplan für die Geschäftswelt

Gott sieht nicht einfach untätig zu, während Satan systematisch durch die Geschäftswelt marschiert und sie erobert. Gott hat seinen *eigenen* Schlachtplan, den Menschen echten und dauerhaften Erfolg zu bringen.

Jesaja hat folgende Strategie vorgestellt:

„Der Geist Gottes, des HERRN, ist auf mir, weil der HERR mich gesalbt hat, um den Elenden gute Botschaft zu verkündigen: er hat mich gesandt, zerbrochene Herzen zu verbinden, den Gefangenen Befreiung zu predigen, den Gebundenen Öffnung der Kerkertüren; zu predigen ein Gnadenjahr des HERRN und einen Tag der Rache unseres Gottes, zu trösten alle Traurigen" (Jesaja 61,1-2).

Jesaja sagt, daß Gott ihn gesalbt hat, „um den Elenden gute Botschaft zu bringen, zerbrochene Herzen zu verbinden sowie zu trösten alle Traurigen". Das war die Aufgabe eines Priesters.

Gott salbte Männer zum Dienst als Priester, damit sie direkten Zugang zu ihm bekamen und dann anderen über den wahren, lebendigen Gott berichten konnten, der die Menschen liebt und alle ihre Bedürfnisse decken will.

Jesaja bemerkt dann: „Ihr aber werdet Priester des HERRN heißen" (61,6). Haben Sie das mitbekommen? „Ihr werdet *Priester* des HERRN heißen, und man wird euch *Diener* unseres Gottes nennen." Damit sind Sie und ich gemeint! Jeder aus Gottes Volk!

Die Apostel haben das begriffen. Petrus zum Beispiel sagt in seinem ersten Brief: „Er ist der lebendige Stein, den die Menschen weggeworfen haben ... Auch ihr seid solche lebendigen Steine, aus denen Gott sein Haus, die Gemeinde, aufbauen will. Darin sollt ihr als seine Priester dienen" (1. Petrus 2,4-5).

Jeder Christ ist ein Priester Gottes hier auf Erden. Das heißt, als Christen haben wir direkten Zugang zu Gott – und der Herr hat uns die Verantwortung übertragen, andere seine Wege zu lehren.

Der Apostel Johannes bemerkt in Offenbarung 1,6: „Er gibt uns Anteil an seiner Herrschaft und hat uns zu Priestern gemacht, die Gott, seinem Vater, dienen."

Diese Verse sollten für jeden Christen große Bedeutung haben. Sie besagen, daß wir *alle berufen* sind, *geistliche Diener* der Menschen im Geschäftsleben zu sein. Satans Versuch, die Menschen zu dem Glauben zu verführen, daß Gott nur einige wenige seines Volkes in den „christlichen Dienst" ruft, ist eine Methode, mit der er versucht, die Wirksamkeit der Christenheit bei der Verbreitung der Guten Botschaft über Jesus Christus in einer verlorenen und sterbenden Welt zu unterbinden.

Warum Gott Ihr Mehrheitsteilhaber sein will

Im vierten Kapitel waren wir dazu aufgerufen, Gott unseren Mehrheitsteilhaber sein zu lassen – einen Partner mit dem Stichentscheid in unserem Unternehmen. Wenn wir Gott den Stichentscheid in unserem Geschäft einräumen, hat er freie Hand, seine Pläne durch uns auszuführen. Mit anderen Worten: Gott kann *sein* Geschäft durch *unser* Geschäft betreiben.

Lassen Sie mich eins fragen: Was ist denn Gottes Geschäft? Bestimmt nicht das Geldverdienen. Der Psalmist stellt fest: „Dem Herrn gehört die Erde und was sie erfüllt, der Erdboden und die darauf wohnen" (24,1). Mit anderen Worten, Gott gehört ohnehin schon alles! Es gibt nichts, was er noch braucht, denn er hat gesagt: „Mein ist das Silber, und mein ist das Gold" (Haggai 2,8).

Was also ist Gottes Geschäft? Jesus hat kurz und bündig gesagt, was das Ziel Gottes in dieser Welt ist: „Der Menschensohn ist gekommen, Verlorene zu suchen und zu retten" (Lukas 19,10). „Der Dieb kommt, um zu stehlen, zu schlachten und zu vernichten. Ich aber bringe allen, die zu mir gehören, das Leben – und dies im Überfluß" (Johannes 10,10).

In diesen beiden Versen macht Jesus sehr deutlich, daß Gottes Geschäft die *Menschen* sind. Sein Ziel ist es, einer egozentrischen, haßerfüllten, frustrierten und dahinsiechenden Welt Liebe, Frieden, Freude und ewiges Leben zu bringen.

Und wie sehr ist Gott entschlossen, sein Geschäft zum Ziel zu führen? Der berühmte Vers Johannes 3,16 sagt uns, daß Gott so fest entschlossen ist, die Menschen zu retten, daß er seinen wertvollsten Besitz, seinen Sohn, geopfert hat, damit er für unsere Sünden starb.

Da ist also etwas, dessen wir immer sicher sein können. Wenn wir Gott zu unserem Mehrheitspartner im Geschäft machen, ist es sein vornehmstes Ziel, uns und unser Geschäft dazu zu gebrauchen, die Menschen mit dem Evangelium zu erreichen.

Erinnern Sie sich, wie wir im dritten Kapitel Matthäus 6,24 betrachtet haben? Dieser Vers hat uns gesagt, daß wir nicht Gott und zugleich dem Mammon dienen können. Wenn Gott unser Majoritätsgeschäftspartner ist und wir ihm ergeben sind, dann werden seine Ziele zu unseren.

Das heißt, daß wir durch unser Geschäft versuchen, unsere Kollegen, Geschäftspartner und Mitarbeiter mit dem Evangelium zu erreichen. Es ist nicht länger Sinn und Zweck unseres Geschäfts, einfach nur Geld zu verdienen.

Statt dessen sollen wir das Reich Gottes und seine Gerechtigkeit suchen.

Wie wir in Johannes 10,10 gesehen haben, ist es Gottes Ziel, die Menschen mit seinem Evangelium zu erreichen. Wenn wir also danach streben, unser Geschäft dazu zu nutzen, die Menschen in der Wirtschaft mit der Frohen Botschaft zu erreichen, und wenn wir dieses Ziel aktiv verfolgen, hat Gott versprochen, die erforderlichen Geldmittel bereitzustellen (Matthäus 6,32-33).

Die Rolle der christlichen Geschäftsleute

Christliche Geschäftsleute sind in einer einzigartigen Position. Wir haben normalerweise mehr Kontakt mit Nichtchristen als die meisten anderen Christen. Wenn wir mit der Frohen Botschaft über Jesus Christus Nichtchristen erreichen wollen, müssen wir dort hingehen, wo sie sind: in die Geschäftswelt, ins Nervenzentrum einer jeden Gesellschaft.

Jesus hat das gewußt. Aus diesem Grund hat er relativ wenig Zeit in den Synagogen, im Tempel oder an anderen Orten verbracht, wo religiöse Führer und andere geistliche Eliten verkehrten. Statt dessen verbrachte er den größten Teil seiner Zeit auf dem Markt – erwarb sich Freunde und mischte sich unter die „nichtchristlichen" Typen seiner Zeit.

Lukas hat diese Tatsache in seinem Evangelium festgehalten:

„Viele Zollbeamte und andere verrufene Leute kamen immer wieder zu Jesus, um ihn zu hören. Empört zischten die Pharisäer und Schriftgelehrten: ‚Mit welchem Gesindel gibt der sich da ab! Und nicht genug, daß er mit ihnen redet: Er setzt sich sogar mit ihnen an einen Tisch‘“ (15,1-2).

Die religiösen Führer kritisierten Jesus dafür, daß er zuviel Zeit auf dem Markt verbrachte, um sich mit den Nichtreligiösen, wenig Anerkannten, zusammenzutun und sich mit ihnen anzufreunden. Jesus hat ihre Haltung folgendermaßen beschrieben:

„Wenn du hundert Schafe hast, und eins läuft weg, läßt du dann nicht die neunundneunzig allein zurück, um das verlorene zu suchen, bis du es gefunden hast? So wird man sich auch im Himmel über *einen* verlorenen Sünder, der zu Gott umkehrt, mehr freuen als über neunundneunzig andere, die es nicht nötig haben, Buße zu tun“ (Lukas 15,3-7).

Eines Tages war Jesus unterwegs an einem See und sprach zu einer großen Menschenmenge. Als er und die Menge am Ufer entlanggingen, begegnete er einem Steuereinnehmer namens Levi. Bald wurde Levi ein Jünger Jesu; und weil Jesus darauf oft in Levis Haus zu speisen pflegte, hatte er Gelegenheit, vielen anderen Steuereinnehmern und Sündern zu begegnen. Auf diese Weise sind viele von ihnen ebenfalls seine Jünger geworden.

Jesu Pläne haben sich in den letzten 2000 Jahren nicht geändert. Er hält immer noch nach Leuten Ausschau, welche den Verlorenen auf vertrautem Boden begegnen – in der Wirtschaft – und ihnen zeigen wollen, wie man zum ewigen Leben kommt.

In vielerlei Hinsicht ist die Geschäftswelt eine geschlossene Gesellschaft von Unberührbaren, von wohlhabenden *Armen*. Elend, Schmerz, Wunden und Leiden werden getarnt hinter der falschen Fassade prächtiger Villen, teurer

Autos, eleganter Kleider und einer falschen Vorspiegelung friedlicher Eintracht.

Aber niemand ist besser als christliche Geschäftsleute geeignet die Erwartungen, Enttäuschungen, Hoffnungen und Ängste solcher Menschen zu verstehen. Die christlichen Geschäftsleute haben Tuchfühlung mit ihnen, sie treffen sie auf Geschäftsessen und Konferenzen und machen tagtäglich Geschäfte mit ihnen. Sie haben bessere Gelegenheiten als jeder andere, nichtchristliche Geschäftsleute zu Jesus Christus zu führen.

Als ein Königreich von Priestern hat Gott uns, wie Jesaja, dazu gesalbt, den Leidenden gute Nachricht zu bringen, die zu trösten, die zerbrochenen Herzens sind, Freiheit den Gefangenen zu verkündigen und die Augen der Blinden zu öffnen.

Wir sind also von Gott als Geschäftsleute zum Dienst nicht weniger „berufen" als ein Pastor in der Kirche. Und zumindest in einer Hinsicht gilt *jedem* Gläubigen die gleiche „Berufung": „Geht hinaus in die ganze Welt und verkündet allen Menschen die Heilsbotschaft" (Markus 16,15).

Einige von uns lösen diese Verpflichtung als Pastoren ein, andere als Bankiers, wieder andere als Maurer, Verkäufer, Ärzte, Ingenieure, Geschäftsinhaber und so weiter. *Aber die „Berufung" ist immer und überall für alle Christen die gleiche!* Paulus hat diesen Grundsatz kurz und bündig zusammengefaßt, als er Timotheus schrieb: „Verkündige den Menschen Gottes Wort. Setze dich dafür ein, und zwar überall und zu jeder Zeit!" (2. Timotheus 4,2). Also, mir kommt das ganz wie eine Berufung in den vollzeitlichen Dienst vor!

Wenn ich auch von Beruf Geschäftsinhaber bin, so ist es doch meine „Berufung", in meiner Ecke des Marktes Jesus Christus zu verkündigen, das ist nämlich mein Scheibchen von der „ganzen Welt", in die ich hinausgehen soll. Und gemäß der Anweisung des Paulus an Timotheus habe ich dabei nach Möglichkeiten Ausschau zu halten – und sie herbeizuführen –, den Menschen das Evangelium zu bringen. Als

Geschäftsmann kann ich bestätigen, daß es überall um uns herum jeden Tag Gelegenheit gibt, ein Zeuge in der Geschäftswelt zu sein.

Wie Gott Sie und Ihr Geschäft gebraucht

Viele Christen, die ein Geschäft besitzen, glauben, daß sie nur andere Christen anstellen sollen. Satan sieht das ausgesprochen gern! Nichts liebt er mehr als ein Häufchen Christen, das sein eigenes kleines Geschäft aufmacht, nur Christen anstellt, nur Geschäfte mit Christen macht und sich nur auf christlichem Gebiet betätigt. Diese Art Arrangements bedrohen Satans Vorhaben, die Wirtschaft zu kontrollieren, nicht im geringsten. Aber Gott will Sie und Ihr Geschäft dazu gebrauchen, *nicht*christliche Angestellte zu erreichen!

Matthäus hat aufgezeichnet, was Jesus gesagt hat: „Kommt mit mir! Ich will euch zeigen, wie ihr Menschen für Gott gewinnen könnt!" (Matthäus 4,19). Wenn wir auf das Gewinnen von Menschen aus sind, müssen wir mit den Frauen und Männern zu tun haben, die gewonnen werden sollen. Es ist ziemlich schwer, Menschen mit dem Evangelium zu erreichen, wenn alle, die man kennt, sowieso schon Christen sind!

Wir müssen unser Geschäft als Mittel gebrauchen, um Nichtchristen anzuziehen. Und wie könnte das besser geschehen als durch die Anwerbung einiger nichtchristlicher Mitarbeiter? Sie werden sie jeden Tag in der Woche um sich haben. Sie können Ihr Leben beobachten, und Sie können beten und Gott vertrauen, daß er Ihnen eine Gelegenheit verschafft, ihnen das Evangelium zu sagen. Bedenken Sie: Gott ist noch mehr daran interessiert, daß diese Menschen Christen werden, als Sie. Er wird für Sie bestimmt Gelegenheiten herbeiführen, damit Sie ihnen Ihren Glauben an Christus bezeugen können.

Vor einigen Jahren stellte unsere Firma einen Abteilungsleiter namens Ken Perkins an. Meine beiden Geschäftspartner – Jim Ander und Jerry Marshall – und ich pflegten uns jeweils montags morgens in meinem Büro zu einer Bibelbetrachtung und zum Gebet fürs Geschäft zu treffen.

An einem Montagmorgen platzte Ken so früh herein, daß wir noch mit geöffneten Bibeln um den Tisch saßen. Wir hatten uns über die Aktualität einiger Verse aus den Sprüchen für das heutige Geschäftsleben unterhalten.

Nachdem er sich für die Störung entschuldigt hatte, sagte Ken: „Wissen Sie, ich würde ganz gern einmal an Ihren kleinen Sitzungen teilnehmen – wenn es Ihnen nichts ausmacht!" Wir versicherten ihm, daß wir ihn gern dabei hätten, und Ende der Woche ging ich mit ihm essen.

Kens unbeabsichtigte Entdeckung unserer Bibelbetrachtung war eine gute Gelegenheit für mich, mit ihm über das Wort Gottes zu sprechen. Ich erfuhr, daß er gelegentlich zum Gottesdienst ging, aber nicht wirklich wußte, was ein Christ ist oder wie man einer wird. Ich fragte, ob er Interesse hätte, sich mit mir am nächsten Morgen zum Frühstück und einer kurzen Bibelbetrachtung zu treffen; hoch erfreut sagte er zu.

Am nächsten Morgen trafen wir uns in einem Restaurant in der Nähe. Nach einem kleinen Frühstück bat ich ihn, einige Verse über den Heilsweg zu lesen. Als wir mit dem anschließenden Gespräch darüber fertig waren, war Ken bereit, Christus anzunehmen.

Bald darauf ging er dann auch in unsere Gemeinde; im Verlauf weniger Wochen brachte er auch noch seinen Stellvertreter und einige andere Mitarbeiter seiner Abteilung mit!

Wie diese Geschichte zeigt, kann Gott Ihr Geschäft dazu benutzen, nichtchristliche Mitarbeiter zu sich zu bringen. Aber ich glaube, Gott möchte Sie und Ihr Geschäft auch als ein Zeugnis für Ihre *Konkurrenten* benutzen. Im Lauf der Jahre habe ich erfahren, daß es oft sehr schwer sein kann, Konkurrenten zu lieben und zu achten. Als wir damals *Sunlight Industries* anfingen, war Al Rosenburg der Marketingchef unseres größten Konkurrenten. Seine Firma hat in einem Monat mehr umgesetzt als wir im ganzen ersten Jahr.

Ich weiß noch, wie ich Als Firma zuerst beneidete und schließlich geradezu haßte. Seine Kollegen redeten über unsere Produkte schlecht, versuchten, unsere Glaubwürdigkeit in Frage zu stellen, und verbreiteten Lügen über uns, nur um uns Marktanteile abzujagen.

Immer wenn ich am Büro seiner Firma vorbeifuhr, packte mich die Wut. Aber dann erinnerte mich Gott an Jesu Gebot „Liebe deine Feinde". Also fing ich an, für Als Firma zu beten und besonders für Al, daß Gott mir eine Gelegenheit geben möge, ihm das Evangelium zu bringen.

Eines Tages sagte mir ein Freund, daß Als Frau plötzlich erkrankt und in die Klinik eingeliefert worden war. Meine Frau und ich brachten ihr ein paar Blumen und ein Buch. Am nächsten Tag rief mich Al an, ob ich mit ihm essen wolle. Ich nahm die Einladung an.

Während des Essens sagte Al: „Myron, ich habe die Entwicklung Ihrer Firma von Anfang an verfolgt, und ich möchte, daß Sie wissen, daß ich bewundere, wie ihr Jungs das Geschäft schmeißt."

Ich erschrak darüber, daß Al überhaupt von unserer Existenz wußte, ganz zu schweigen davon, daß er unsere Geschäftspraktiken kannte. Aber es kam noch mehr: „Wissen Sie, da ist auch noch etwas anderes, worin Sie sich unterscheiden. Sie haben zum Beispiel meine Frau in der Klinik besucht. Dave (sein Chef) hat sich noch nicht einmal dafür interessiert, wie es ihr geht."

Gott schien mir ins Ohr zu flüstern: „Myron, hier ist deine Gelegenheit, ihm von mir zu erzählen." Aber im stillen versuchte ich mich gegen ihn zu wehren: „Nein, dieses Mal nicht", widersprach ich, „ich habe jetzt gleich im Büro einen Termin, die Zeit reicht nicht!"

Aber Gott erinnerte mich an 2. Timotheus 4,2, wo wir – siehe weiter oben – herausgefordert werden, Zeugen Christi zu sein, ob es uns gerade in den Kram paßt oder nicht. So erzählte ich in den nächsten Minuten Al von Jesus Christus und über den Unterschied, den er in meinem Leben bewirkt hatte. Auch erzählte ich ihm, wie ich mein Geschäft Gott übergeben hatte.

Bis jetzt ist Al, soviel ich weiß, noch kein Christ. Aber wir sind gute Freunde geworden, und ich glaube, Gott wird mein Geschäft dazu benutzen, Al zu sich zu ziehen.

Wie wir in diesem Kapitel gesehen haben, ist Gott an Menschen interessiert. Sobald Sie Gott Ihren Mehrheitsteilhaber sein lassen, wird er Sie mit genügend Gelegenheiten versorgen, den vielfältigen geistlichen Bedürfnissen der Menschen zu dienen – der Mitarbeiter, der Konkurrenten, der Kunden, der Lieferanten, ja sogar des Mannes auf der Straße.

Ihr Geschäft ist das großartigste Missionsfeld der Welt. Keiner kennt Ihr Geschäft wie Sie, und keiner hat die gleiche Art Beziehungen mit Ihren Geschäftsfreunden wie Sie. Gott hat Sie da hineingestellt, wo Sie sind, weil er sich um die Menschen sorgt, die Sie kennen. Vielleicht sind Sie der einzige echte Christ, den einige dieser Leute je kennenlernen werden. Lassen Sie sie nicht dadurch verloren gehen, daß Sie sich so sehr um den finanziellen Aspekt Ihres Geschäfts kümmern, daß Sie keine Zeit mehr für die geistliche Seite haben!

Zusammenfassung

In diesem Kapitel haben wir untersucht, wie sehr Satan die Christenheit zu der Annahme verführt hat, wir lebten in zwei Welten: in einer religiösen und in einer säkularen. Er hat die meisten von uns mit Erfolg davon überzeugt, daß nur einige wenige Gläubige in den vollzeitlichen Dienst „berufen" seien. Schließlich hat er Christen zu der Annahme verführt, unser geistliches Leben sei privat und unser weltliches öffentlich, und daß wir die Menschen auf dem Markt nicht vor den Kopf stoßen dürften, indem wir derart private Themen wie Gott oder Glaube aufs Tapet bringen.

Diese Verführungen Satans sind weitgehend unwidersprochen geblieben, während er die Macht über die Geschäftswelt und all jene anstrebt, die darin arbeiten.

Die Wahrheit dagegen ist, daß Gott uns zu einem „Geschlecht von Priestern" gemacht hat, mit der Verantwortung, direkte Verbindung zu Gott zu halten und ihn der nichtchristlichen Welt zu verkündigen. Im Gegensatz zu der Behauptung, Gott „rufe" nur einige wenige in den vollzeitlichen christlichen Dienst, hat er uns *alle* „berufen", das Evangelium allen Menschen der Welt zu bringen (Markus 16,15). Und das ist, wie 2. Timotheus 4,2 so klar bezeugt, eine vollzeitliche Aufgabe.

In diesem Kapitel haben wir auch gesehen, daß die Bibel klar sagt, was Gottes Absicht und Ziele für uns in der Geschäftswelt sind. Wir sollen Menschen mit dem Evangelium erreichen. Wenn also Gott in unser Unternehmen als Mehrheitsgesellschafter eintritt, wissen wir, daß sein Ziel für unser Geschäft das Gewinnen von Menschen für Christus ist.

Gott möchte Sie und Ihr Geschäft dazu gebrauchen, Ihre nichtchristlichen Angestellten, Konkurrenten, Kunden und all die anderen Menschen zu gewinnen, mit denen Sie auf dem Markt in Kontakt kommen. Für Gott ist die Geschäftswelt nichts weniger als Ihr Missionsfeld.

Persönliche Nutzanwendung

1. Sind Sie bereit, die Geschäftswelt als Ihr Missionsfeld anzusehen? Warum? Warum nicht?
2. Lesen Sie dieses Kapitel noch einmal durch. Bitten Sie jedoch dieses Mal Gott, Ihnen Menschen zu zeigen – in Ihrer Firma oder in anderen Firmen –, mit denen Sie Geschäfte machen, für die Sie ganz speziell beten können. Beten Sie darum, daß sie Jesus Christus als ihren persönlichen Herrn und Heiland kennenlernen.
3. Entwickeln Sie einen Schlachtplan: Wie können Sie sich zur Verfügung stellen, damit Gott Sie im Leben dieser Menschen gebrauchen kann?

6
Biblische Grundsätze der Geschäftsethik

Wenn es darum geht, welcher Art von Ethik man im Geschäftsleben folgen soll, stehen für Christen zwei Alternativen zur Wahl. Entweder wir passen unsere Geschäftsethik je nach Bedarf flexibel der jeweiligen Situation an. Oder wir definieren einen Katalog dauerhafter ethischer Grundsätze und halten an ihnen fest – unabhängig von der jeweiligen Situation.

In der heutigen Geschäftswelt wählen immer mehr Menschen die erste Variante. Sie leben nach einer *Situationsethik* – nach ethischen Grundsätzen, die einer gegebenen Situation oder Handlung angepaßt werden.

Der Grundgedanke ist dabei etwa folgender: Ich verpflichte mich zur Fairneß, aber Fairneß ist immer relativ – was der eine für fair hält, ist es nicht unbedingt auch für einen anderen. Aus diesem Grund ist es unmöglich, an *absoluten* ethischen Normen festzuhalten, wenn es ums Geschäft geht. Ich bin also gezwungen, meine Moral je nach Situation neu zu definieren – ich tue das, was jede spezifische Situation erfordert. Dies ist die einzig mögliche Art und Weise für mich, „fair" zu sein.

Oberflächlich betrachtet scheint das Konzept der Situationsethik viel für sich zu haben. Die optimale Lösung für manch diffiziles Problem. Leider hat sie jedoch einen entscheidenden Fehler – sie beruht mehr auf weltlichem Humanismus als auf biblischen Grundsätzen.

Wie ich schon weiter oben erwähnte, läßt die Situationsethik die Existenz absoluter Werte außer acht; aus diesem Grund verwirft sie die Bibel als „höchste Autorität" über Richtig und Falsch. Hier bestimmen *Menschen* aufgrund dessen, wie sie eine Situation gerade wahrnehmen. Dementsprechend kann das, was richtig und was falsch ist, möglicherweise von Situation zu Situation verschieden sein.

Kürzlich habe ich Situationsethik in freier Wildbahn erlebt. In den letzten fünf Jahren hat Georgia Rutgers für eine Druckerei im Nordwesten der Vereinigten Staaten gearbeitet. Als ich vor einigen Monaten in dieser Gegend war, erzählte sie mir, ihre Firma habe sie um einen Urlaubstag „betrogen" – man hatte dort nämlich die Berechnungsmethode für Urlaubstage geändert.

„Aber sie haben sich geschnitten", sagte sie wütend. „Mein Mann ist Künstler. Ich habe dafür entsprechend viel Material aus dem Warenlager genommen, da ist er für lange Zeit versorgt."

Als ich versuchte, ihr klar zu machen, daß das nicht recht war, gab sie zurück: „Oh, normalerweise würde es mir nicht einfallen, die Firma zu bestehlen. Aber wenn sie mich bestehlen, habe ich auch das Recht, sie zu bestehlen!"

Georgia Rutgers behauptet nicht, Christin zu sein. Aber leider wenden auch viele Christen die gleiche Situationsethik an wie Georgia.

Erinnern Sie sich an Don Skinner, den Geschäftsmann, von dem ich im ersten Kapitel erzählt habe? Lassen Sie uns seine Geschichte noch einmal im Detail betrachten, sie ist ein Paradebeispiel dafür, wie Christen sich im Geschäftsleben von Situationsethik gefangennehmen lassen können.

Über seine Verfahrensweise bei einem Geschäftsabschluß hatte Don gesagt: „Ich weiß, daß einige der Leute in der Gemeinde vielleicht denken, ich sei unmoralisch, aber es stand einfach viel zuviel auf dem Spiel." Dann hatte er mir auseinandergesetzt, er sei „gezwungen" gewesen, einen Geschäftsagenten zu schmieren, um an einen ganz großen Abschluß für seine Firma zu kommen. Don: „Ich hatte praktisch keine andere Wahl, meine Konkurrenz wollte sie bestechen, um an den Vertrag zu kommen. Der Kunde ist sogar zu mir gekommen und hat mir gesagt, er wolle lieber mit meiner Firma abschließen, aber ich müsse das Angebot

84

der Konkurrenz schlagen. Es war ein zu guter Deal, um ihn einfach so durch die Lappen gehen zu lassen. Und so habe ich den Mann geschmiert." Er hatte ferner argumentiert: „Weißt du, ich bin Geschäftsmann, kein Theologe. Fressen oder gefressen werden. Trotzdem – ich sehe es nun einmal so, als Geschäftsmann ist es meiner Ansicht nach meine Aufgabe, das nötige Geld zu machen und damit die Gemeinde zu unterstützen. Je mehr Geld ich mache, desto mehr kann ich für Gottes Werk geben. Und ich bin sicher, daß es niemand zurückweist, wenn der Opferkorb herumgeht."

Wie wir unsere Situationsethik rechtfertigen

Wer nach der Situationsethik handelt, ist früher oder später zu dem einen oder anderen der folgenden Schlüsse gekommen:

▷ Wie du mir, so ich dir.
▷ Der Zweck heiligt die Mittel.
▷ Jeder tut's, daher kann es nicht falsch sein.
▷ Tu's, aber laß dich nicht erwischen.
▷ Tu, was du willst, solange es nur alle tun.

Don Skinner hatte sich einige dieser Einstellungen zu eigen gemacht: Er sagte, er „habe keine andere Wahl" gehabt, als einen Kunden zu schmieren – schließlich wandten seine Mitbewerber die gleichen Methoden an („Wie du mir, so ich dir"). Er behauptete: „Du weißt selber, da draußen gilt das Gesetz des Dschungels, fressen oder gefressen werden" („Jeder tut's, daher kann es nicht falsch sein"). Und außerdem sagte er sich noch: Je mehr Geld ich mache, desto mehr kann ich für Gottes Werk geben („Der Zweck heiligt die Mittel").

Wir müssen uns jedoch daran erinnern, daß die Bibel derlei „ethische" Standpunkte verdammt. Im Gegensatz zur

Methode „Wie du mir, so ich dir" der Situationsethik sagt die Heilige Schrift:

▷ Sage nicht: „Wie er mir getan, so will ich ihm tun; ich will dem Mann vergelten nach seinem Werk!" (Sprüche 24,29).
▷ Wenn Menschen euch das Leben schwermachen, so betet für sie, statt ihnen Schlechtes zu wünschen (Römer 12,14).
▷ Vergeltet niemals Unrecht mit neuem Unrecht (Römer 12,17).
▷ Es ist nicht eure Sache, euch selbst Recht zu verschaffen (Römer 12,19).
▷ Wenn dein Feind hungrig ist, dann gib ihm zu essen (Römer 12,20).
▷ Laß dich nicht vom Bösen besiegen, sondern besiege das Böse durch das Gute (Römer 12,21).

Die Situationsethik gibt auch den Ratschlag: „Jeder tut's, daher kann es nicht falsch sein." Aber der Apostel Paulus sagt: „Nehmt nicht die Forderungen dieser Welt zum Maßstab" (Römer 12,2). Und im Alten Testament werden wir gewarnt: „Du sollst nicht der Mehrheit folgen zum Bösen" (2. Mose 23,2). Diese Verse warnen uns deutlich davor, populäre Sitten und Gebräuche einfach bloß deshalb anzunehmen, weil alle anderen sie pflegen.

Don Skinner ist jedoch „der Mehrheit gefolgt", als er den Schluß zog, es sei vertretbar, einen Kunden zu schmieren; schließlich tat das seine Konkurrenz auch. Aber die Bibel verdammt Korruption: „Wer einen Armen drückt, bereichert ihn; wer einem Reichen gibt, schadet ihm nur" (Sprüche 22,16). Im gleichen Sinn wird uns im 2. Buch Mose 23,8 gesagt: „Und nimm kein Geschenk! Denn das Geschenk macht die Sehenden blind und verkehrt die Sache der Gerechten."

Wir sehen also, daß die Grundsätze der Situationsethik den Grundsätzen strikt zuwiderlaufen, die Gott uns in der

Bibel lehrt. Tatsächlich sind sie dazu geeignet, uns immer weiter von Gott und seinem Wort wegzuführen.

Wie wichtig eine biblische Geschäftsethik ist

Wir alle kennen das geflügelte Wort: „Taten sprechen lauter als Worte." Es ist vor allem für christliche Geschäftsleute von Bedeutung, die auf einem von Satan dominierten Markt agieren. Wir werden tagtäglich daraufhin beobachtet, wie unsere Handlungen zu unseren Worten passen.

Wenn Sie Christ sind, legen Sie ständig Zeugnis ab, ob Sie wollen oder nicht. Es mag vielleicht nicht immer ein „evangelistisches" Zeugnis sein, aber eben doch ein Zeugnis. Unsere Umgebung auf dem Markt achtet vor allem darauf, was wir als Christen *tun,* und nicht nur auf das, was wir *sagen* .

Es ist daher nicht genug, einfach zu *sagen,* daß Gott unser Mehrheitspartner ist und daß er den Stichentscheid in unserer Firma hat. Unsere Handlungen müssen auch zeigen, daß dem so ist. Wie wir im letzten Kapitel gesehen haben, erkannte Al Rosenburg, einer unserer Konkurrenten, nicht durch das, was wir *sagten,* daß unsere Firma anders war, sondern durch das, was wir *taten.* Da es Gottes Geschäftsziel ist, durch uns und unser Geschäft die Menschen mit dem Evangelium zu erreichen, ist es notwendig, daß unser *Wandel* im Geschäft auch unseren *Worten* entspricht.

Ich kenne zum Beispiel einen Mann, dem mehrere Firmen gehören. Er ist ausgesprochen redselig über seinen „christlichen Glauben" und gehört einem Gemeindevorstand an. Aber wegen seiner fragwürdigen Geschäftspraktiken respektieren ihn Christen wie Nichtchristen weder als Geschäftsmann noch als Christ.

Ein nichtchristlicher Geschäftsmann hat mir einmal gesagt: „Wenn er ein Beispiel für das ist, was jemand in der Kirche lernt, bin ich froh, daß ich nicht dort meine Zeit vergeude." Traurig ist, daß der, der diese Aussage gemacht hat, sich mehr an biblischer Geschäftsethik orientiert als der christliche Geschäftsmann, über den er sich ausgelassen hat.

Wir müssen immer daran denken, daß Jesus einen ganz unzweideutigen Maßstab aufgestellt hat, dem die folgen sollen, die an ihn glauben:

„Ihr seid das Salz, das die Welt vor dem Verderben bewahrt. Aber so, wie das Salz nutzlos ist, wenn es seine Kraft verliert, so seid auch ihr nutzlos, und man wird über euch hinweggehen, wenn ihr eure Aufgabe in der Welt nicht erfüllt. Ihr seid das Licht, das die Welt erhellt. Eine Stadt, die hoch auf dem Berg liegt, kann nicht verborgen bleiben. Man zündet ja auch keine Lampe an und deckt sie dann zu. Im Gegenteil: Man stellt sie so auf, daß sie allen im Haus Licht gibt. Genauso soll euer Licht vor allen Menschen leuchten. An euren Taten sollen sie euren Vater im Himmel erkennen und ihn auch ehren" (Matthäus 5,13-15).

Unser Herr hat gesagt, daß der Christ die Welt „salzen" soll, damit man erträglicher darin leben kann. Das heißt, die christlichen Geschäftsleute sollen das Salz der Geschäftswelt sein; wir sollen das Klima des „Fressens oder Gefressenwerdens", wie es Don Skinner genannt hat, verändern. Wir müssen darauf hinarbeiten, indem wir andere bei unseren Geschäften so behandeln, wie wir selbst behandelt werden möchten.

In dieser Passage bezeichnet Jesus die Christen auch als „Licht der Welt". Mit anderen Worten, der Christ soll ein Leuchtturm sein; er soll den frustrierten, verwirrten und furchtsamen Massen in der Geschäftswelt Orientierungshilfe geben, den Weg zum Frieden weisen und durch Christus auf ihre Probleme praktische Antworten geben.

Aus diesem Grund ist es für christliche Geschäftsleute unumgänglich, biblische Grundsätze der Geschäftsethik zu praktizieren. Die Welt sieht uns zu und fragt sich, ob wir *wirklich* Antworten haben – ob das Christentum *wirklich*

funktionsfähig ist. Ob man Gott *wirklich* persönlich kennenlernen, ob er mir *wirklich* jeden Tag helfen kann.

Im nächsten Vers wird uns gesagt, *warum* wir das Salz und
das Licht der Wirtschaft sein sollen: „An euren Taten sollen
sie euren Vater im Himmel erkennen und ehren" (Matthäus
5,16). Aber bitte: wir praktizieren nicht deswegen biblische
Geschäftsethik, um unsere Überlegenheit über andere
Menschen zu zeigen. Wir tun es, um Menschen in der Wirtschaft zu Gott zu ziehen.

Wie kann ich wissen, was biblische Ethik ist?

Wenn jemand sich verpflichtet hat, biblische Grundsätze
der Geschäftsethik anzuwenden, muß er immer noch entscheiden, was richtig ist und was falsch. Den meisten mir be-
kannten christlichen Geschäftsleuten, die sich dem Gehorsam gegen Gottes Wort verpflichtet haben, ist eins gemeinsam. Sie möchten gern in der Lage sein, ihre Bibel aufzu-
schlagen und dann sofort eine praktische Anweisung für das
ethisch einwandfreie Verhalten in jeder gegebenen geschäftlichen Situation entnehmen zu können. Aber das geht
nicht.

Obwohl die Bibel in der Tat viele konkrete moralische
Fragen im Geschäftsleben behandelt, betont sie doch eher
Grundsätze, als daß sie bestimmte Daten nennt oder Ge-
brauchsanweisungen gibt.

So hat uns der Herr zum Beispiel gesagt: „Gedenke des
Sabbattages, daß du ihn heiligst" (2. Mose 20,8).

Das hört sich nach einer einfachen, eindeutigen Aussage
an. Aber was heißt das genau, „den Sabbat heiligen"? Und
wie weiß ich, wann ich dieser biblischen Forderung entspre-
che? Wenn Sie meinen, die Antworten auf diese Fragen sind
einfach, dann fragen Sie doch einmal zehn verschiedene Pastoren von zehn verschiedenen Denominationen in Ihrer
Stadt. Fragen Sie ganz gezielt, was Sie tun sollen, um den
Sabbat zu heiligen. Ich garantiere Ihnen, daß Sie sich vor

Verwirrung und Frustration die Haare raufen werden, bevor Sie auch nur die Hälfte Ihrer Liste abgeklappert haben.

Einige dieser Pastoren, wenn auch nicht alle, werden Ihnen sagen, daß Sie am Sonntag nicht arbeiten sollen, wenn Sie den Sabbat heiligen wollen. Gut, das scheint ebenfalls einfach genug. Aber was ist Arbeit? Einige werden Ihnen sagen, daß darunter zum Beispiel auch das Mähen Ihres Rasens zu verstehen ist, das Streichen ihres Hauses, das Putzen Ihrer Garage. Deshalb sollen Sie einfach nur Gott anbeten und den Rest des Tages ausruhen, wenn Sie den Sabbat heiligen wollen.

Andere hingegen sagen vielleicht, wenn Sie durch das Mähen und Anstreichen Entspannung finden (weil sie eine Abwechslung zu ihrer normalen Routinearbeit sind), sei dagegen absolut nichts zu sagen.

An diesem Punkt sind Sie bereits völlig konfus. Sie haben eine einfache biblische Anweisung gefunden, und als Sie anfingen, sie anzuwenden, hatten Sie keine Probleme erwartet. Aber als Sie die Experten fragten, wurden Sie mit so vielen verschiedenen Auffassungen konfrontiert, daß Sie jetzt nicht mehr wissen, woran Sie sich halten sollen.

Oft ist die Bibel ausgesprochen eindeutig. Etwa wenn sie sagt: „Du sollst nicht stehlen" (2. Mose 20,15). Wenn uns aber Gott auf der anderen Seite durch sein Wort auffordert: „Gedenke des Sabbattages, daß du ihn heiligst", läßt er uns nicht wissen, *wie* dieses Gebot im einzelnen zu verstehen ist. Wegen dieses Dilemmas hatten jüdische religiöse Führer sorgfältig ausgearbeitete Listen mit Ge- und Verboten aufgestellt, die genau erklären sollten, wie Gott nach ihrer Ansicht bestimmte Gebote – etwa das über den Sabbat – meint. Das hatte zur Folge, daß die Leute zu diesen religiösen Führern gingen, um sich Klarheit darüber zu verschaffen, was Gott von ihnen wollte – statt sich lieber an Gott direkt zu halten.

Deshalb gab das alte Israel seine Beziehung zu Gott auf und wandte sich statt dessen einer Formelsammlung aus Ge- und Verboten zu, die von einem zum anderen weitergegeben wurde. Gott hat man dabei aus dem Spiel gelassen. Schließlich waren diese menschlichen Gesetze verbreiteter und wichtiger als die Gebote Gottes.

Das hat Jesus veranlaßt, den religiösen Führern seiner Tage vorzuhalten: „Gottes Gebote beachtet ihr nicht, sondern ersetzt sie durch eure Vorschriften. Dabei geht ihr sehr geschickt vor" (Markus 7,8-9).

Es ist eine Tatsache, daß Gott Grundsätze über Details stellt, weil er möchte, daß wir mit diesen Grundsätzen zu ihm kommen; er möchte, daß wir mit ihm Verbindung pflegen und im einzelnen mit ihm besprechen, wie sie in unserem Leben praktiziert werden sollen. Auf diese Weise entwickeln und unterhalten wir eine persönliche Beziehung mit Gott. Wir entwickeln keine Beziehung zu ihm, wenn wir einfach eine Liste von Ge- und Verboten lesen und uns stur an sie halten.

Wenn es um biblische Geschäftsethik geht, müssen wir deshalb bestimmte Grundsätze vor Gott bringen, sie mit ihm durchsprechen und dann das tun, was *er* uns sagt. Deshalb sollten wir – statt eine Liste von Ge- und Verboten aus diesen Anweisungen aufzustellen und sie anderen Geschäftsleuten als *absolutes biblisches Gesetz* zu predigen – unseren Kollegen ganz einfach sagen: „Das hat Gott *mir* gesagt. Aber du solltest diesen Grundsatz selbst mit ihm diskutieren und dann das tun, was er *dir* sagt." Wenn Ihr Geschäftsfreund zurückkommt und sagt: „Gott hat mir aufgetragen, anders zu handeln", müssen wir uns hüten, ihn zu verurteilen. Wir können nicht sagen: „Ich weiß, du bist nicht so geistlich wie ich. Du machst alles falsch, du mußt es wie *ich* machen!"

Die biblischen Schlüsselaussagen über Geschäftsethik

Immer wieder sind Leute an mich herangetreten und haben gesagt: „Myron, du solltest ein Buch schreiben über das, was die Bibel über Geschäftsethik aussagt. Es gibt ganz bestimmt einen großen Bedarf dafür." Wenn ich mit ihnen dann darüber diskutierte, stellte sich heraus, daß sie in den meisten Fällen eine Neuauflage der pharisäischen Gesetze haben wollten. Sie baten wie die Leute aus dem Alten Testament um einen Katalog religiöser Ge- und Verbote zur Führung ihres Geschäfts. Nie und nimmer werde ich ein derartiges Buch schreiben!

Ich möchte jedoch in diesem Kapitel den Vers weitergeben, den ich als die Grundaussage der Bibel über Geschäftsethik betrachte. Ich halte diesen Vers aus dem Grund für fundamental, weil er einen äußerst präzisen und zusammenhängenden Grundsatz formuliert; trotzdem erfordert er zugleich, daß wir in jeder Situation erneut zu Gott gehen, um herauszufinden, wie Gott von uns diesen Grundsatz angewendet haben möchte.

Nach dieser Vorrede ist es nun an der Zeit, unseren fundamentalen Vers aufzudecken:

„Alles nun, was ihr wollt, daß die Leute euch tun sollen, das tut auch ihr ihnen ebenso; denn dies ist das Gesetz und die Propheten" (Matthäus 7,12; Schlachter).

Dies ist der Vers, auf dem alle biblischen Prinzipien der Geschäftsethik beruhen. Er enthält den Schlüssel zur Führung Ihres Geschäfts nach biblischen Normen. Es ist die Art, wie Gott, Ihr Mehrheitsgeschäftspartner, Geschäfte betreibt! Wenn Sie dieses eine biblische Prinzip konsequent anwenden, werden Ihre Geschäfte mit den Menschen in der Wirtschaft immer in Übereinstimmung mit Gottes Willen sein.

Wir wollen diesen Vers Punkt für Punkt betrachten. Er beginnt mit dem Wort *alles*. „Alles" schließt nichts aus, es schließt vielmehr jede geschäftliche Situation ein, jede Handlungsweise. Es schließt die Art ein, wie Sie mit Ihren Mitarbeitern umgehen, mit Ihren Konkurrenten, Kunden, mit Freunden, Feinden und mit dem Fremden, der uns begegnet. *„Alles besagt, daß wir diesen Grundsatz konsequent* *zu allen Zeiten, an allen Orten, mit allen Menschen anwenden sollen!*

Lassen Sie uns jetzt den Grundsatz betrachten, der sich in den Worten „was ihr wollt, daß die Leute euch tun sollen, das tut auch ihr ihnen ebenso" ausdrückt. –Was für ein einfaches und doch so tiefgründiges Prinzip! Seine Anwendung garantiert jederzeit die richtige Geschäftsethik. Es besagt, daß wir den anderen einfach so behandeln sollen, wie wir selbst behandelt werden möchten.

Aber Vorsicht: Dieser Grundsatz fordert nicht, wir sollten die anderen so behandeln, wie *sie* behandelt werden wollen. Warum? Hören Sie sich einmal folgende Geschichte an:

Als ich kürzlich einen Vertrag mit einer amerikanischen Bundesbehörde aushandelte, versuchte der Beamte, mir noch einige zusätzliche Leistungen abzuschwatzen, die aber nicht extra bezahlt werden sollten. Da er wußte, daß ich Christ bin, sagte er: „Kommen Sie, Myron, vergessen Sie nicht: Sie sollen anderen so tun, wie Sie wollen, daß Ihnen die anderen tun."

Offensichtlich dachte dieser Mann, Jesu Anweisung bedeute: „Wenn du ein Christ bist, sollst du das tun, was andere wollen." Aber das sagt dieser Vers gerade *nicht*. Das Prinzip ist: *Behandle in einer gegebenen Situation die Menschen so, wie du von ihnen in der gleichen Situation behandelt werden möchtest.*

Wenn Sie zum Beispiel einem Mitarbeiter für eine bestimmte Arbeit 15 Mark in der Stunde zahlen, sie jedoch, wenn Sie an der Stelle des Mitarbeiters wären, für 20 Mark wert hielten, dann verletzen Sie den biblischen Grundsatz der Geschäftsethik. Sie behandeln den Mitarbeiter nicht so, wie Sie in der gleichen Situation behandelt werden möchten. Ja, Sie betrügen diesen Mitarbeiter in der Tat um 5 Mark in der Stunde und verhalten sich gemäß Matthäus 7,12 ethisch falsch.

Der Vers sagt: „Was ihr wollt, daß die Leute euch tun sollen, das tut auch ihr ihnen ebenso." Er sagt nicht, daß

Ihre Mitarbeiter immer mit Ihren geschäftlichen Entscheidungen übereinstimmen müssen; aber daß sie in ihrer Lage zufrieden sein und sich fair behandelt fühlen müßten.

Betrachten wir noch einmal den ganzen Vers: „Alles nun, was ihr wollt, daß die Leute euch tun sollen, das tut auch ihr ihnen ebenso; denn dies ist das Gesetz und die Propheten." Haben Sie den Nachsatz mitbekommen, „denn dies ist das Gesetz und die Propheten"? Dieser Vers faßt alle Lehren über das von Gott im Alten Testament gegebene Gesetz und die Lehren der Propheten zusammen.

Das ist der Grund dafür, daß dieser Vers das *Fundament* aller biblischen Grundsätze der Geschäftsethik ist. Wenn wir es gewissenhaft anwenden, tun wir alles, was Gott in seinem Gesetz lehrt.

Wir müssen noch eine andere wichtige Passage heranziehen, wenn wir versuchen wollen, biblische Grundsätze der Geschäftsethik zu formulieren und zu praktizieren. Auch sie findet sich in Matthäus:

„Wenn man dir eine Ohrfeige gibt, dann halte die andere Wange auch noch hin! Wenn einer dir dein Hemd nehmen will, so gib ihm auch noch den Mantel! Wenn einer von dir verlangt, einen Kilometer mit ihm zu gehen, dann gehe zwei Kilometer mit ihm! Gib dem, der dich um etwas bittet, und auch dem, der etwas von dir leihen will" (Matthäus 5,39-42).

Diese Stelle ist für die meisten Geschäftsleute schwer zu akzeptieren und zu verstehen. Sie scheint jeder Faser unserer Geschäftsnatur zuwiderzulaufen. In der Tat geht sie absolut gegen unsere *menschliche, fleischliche* Natur.

Jesus lehrt uns in diesem Text eine großartige Wahrheit. Und wie in der Botschaft in Matthäus 7,12, die wir weiter oben betrachtet haben, kommt ihr eine Schlüsselrolle bei der biblischen Geschäftsethik zu.

Das Prinzip, das uns Jesus hier lehrt, ist kurzgesagt folgendes: *Verpflichte dich, immer mehr zu geben, als die Leute und das Gesetz verlangen.*

Es ist die Quintessenz der Lehren unseres Herrn im Neuen Testament. Gott will nicht, daß wir nur das tun, was die Menschen und das Gesetz von uns erwarten und fordern. Das tun sogar die meisten *Nicht*-Christen in der Wirtschaft (Matthäus 5,46-47). Er will vielmehr von uns, daß wir den Menschen dienen und diesen Extrakilometer mit ihnen gehen.

Jeder erwartet von uns, daß wir tun, was von uns verlangt wird. Aber erst wenn wir *mehr* tun als erwartet, merken die Menschen, daß wir uns von anderen Geschäftsleuten unterscheiden. Und wenn die Menschen erkennen, daß wir in manchen Punkten anders sind, fangen sie an, nach dem *Warum* zu fragen. Dann bekommen wir die Gelegenheit, ihnen zu sagen, daß wir unser Geschäft nach biblischen Grundsätzen betreiben.

Ein ethisches Grundsatzprogramm

Jedes Unternehmen sollte einen ethischen Verhaltenskodex haben, eine Art Kompaß für alle Geschäftsvorgänge. Ich persönlich habe den Eindruck, daß ein solches Grundsatzprogramm die Prinzipien beinhalten sollte, die in den beiden Bibelstellen enthalten sind, die wir in diesem Kapitel betrachtet haben.

Ihr ethisches Grundsatzprogramm wird Ihr Grundsatzprogramm für die Geschäftswelt sein, es wird anderen sagen, welche Behandlung sie von Ihnen erwarten können, wenn Sie mit Ihnen Geschäfte machen.

Hier ist mein eigenes ethisches Grundsatzprogramm:

Mit Gottes Hilfe werde ich in jeder Situation beständig fortfahren, Sie so zu behandeln, wie ich erwarten und hoffen würde, in derselben Situation von Ihnen behandelt zu werden. Und mit Gottes Hilfe will ich mich dazu verpflichten, immer mehr zu geben, als Menschen und Gesetz von mir verlangen, um welche Dienstleistung meines Unternehmens oder meiner Person es sich auch handeln mag.

Ich hätte dieses Kapitel auf mehrerlei Weise angehen können. Ich hätte eine Reihe von Situationen auflisten können, in die Geschäftsleute im allgemeinen häufig geraten, um dann abzuhandeln, wie *ich* aus *meiner* biblischen Sicht darüber denke.

Aber mein Katalog hätte vielleicht Ihren Bedürfnissen nicht entsprochen, und vielleicht hätten Sie nicht mit *meiner* ethischen Interpretation der Bibelstellen übereingestimmt. Oder Sie wären vielleicht versucht gewesen, meine Sicht der Dinge ohne persönliche Kontaktaufnahme mit Gott zu übernehmen, wenn Sie mit mir eins gewesen wären.

Aus diesem Grund dachte ich, es sei das beste, einige der Bibelstellen vorzustellen, die uns biblische Schlüsselprinzipien zur Geschäftsethik nennen. Ich möchte Sie ermutigen, anhand dieser Bibelstellen und Grundsätze einige der ethischen Konflikte zu betrachten, die sich bei der Führung Ihres Geschäfts ergeben mögen. Besprechen Sie sie sodann mit Gott, Ihrem Mehrheitsgeschäftspartner, und erbitten Sie seinen Rat bei der Anwendung der in diesem Kapitel vorgestellten biblischen Grundsätze.

Wenn Sie das tun, wird sich, wie ich glaube, viererlei ereignen:

▷ Ihre Beziehung zu Gott wird sich verbessern.
▷ Sie werden eine passende Geschäftsethik finden, die sich auf Gottes Wort stützt.
▷ Menschen außerhalb und innerhalb Ihrer Firma werden erkennen, daß Ihr christliches Reden mit Ihrem christlichen Lebenswandel übereinstimmt.
▷ Sie und Gott werden im Streben nach Ihren gemeinsamen Geschäftszielen effektiver sein.

Zusammenfassung

In Fragen der Geschäftsethik stehen Christen vor zwei Alternativen. Sie können entweder der Philosophie der Welt folgen oder der Lehre Gottes in der Bibel. Beides zugleich geht nicht.

Die Welt hat sich die sogenannte „Situationsethik" zugelegt. Sie leugnet die Existenz absoluter moralischer Werte. Anhänger der Situationsethik vertreten meist folgendes:

▷ Wie du mir, so ich dir.
▷ Der Zweck heiligt die Mittel.
▷ Jeder tut's, daher kann es nicht falsch sein.
▷ Tu's, aber laß dich nicht erwischen.
▷ Tu, was du willst, solange es nur alle tun.

Aber Christus sagt uns: „Alles nun, was ihr wollt, daß die Leute euch tun sollen, das tut auch ihr ihnen ebenso; denn dies ist das Gesetz und die Propheten" (Matthäus 7,12; Schlachter). Dies ist die fundamentale Stelle, auf der alle biblischen Grundsätze der Geschäftsethik basieren.

Wohlgemerkt: dieser Vers richtet sich an alle Menschen in allen Situationen zu allen Zeiten. Das *alles* im Vers läßt niemanden und nichts aus.

Matthäus 5,39-42 nennt ein weiteres wichtiges Prinzip. Hier sagt der Herr, daß wir uns immer dazu verpflichten sollen, mehr zu geben, als Menschen und das Gesetz von uns fordern.

Die meisten Menschen tun, was von ihnen verlangt wird, aber die wenigsten tun etwas darüber hinaus. Aber gerade indem wir diese Erwartung übertreffen, geben wir in der Geschäftswelt zu erkennen, daß Christen anders sind. Wenn die Leute merken, daß wir nicht wie der Rest der Welt handeln, werden sie für Gespräche über Gott offener. Und das ist einer der Hauptgründe, weshalb uns Gott in die Geschäftswelt gestellt hat.

Persönliche Nutzanwendung

1. Betrachten Sie Matthäus 7,12, und lernen Sie diesen Vers auswendig.

    ▷ Welche Umstände hindern Sie daran, diesen Vers in Ihrem Leben und Geschäft zu praktizieren?

    ▷ Warum versucht Satan uns dazu zu bringen, statt Gottes Methode lieber die der Welt anzuwenden?

    ▷ Erstellen Sie eine Liste der ethischen Fragen in Ihrem Unternehmen, und bestimmen Sie, wie Sie diesen Vers bei der Festlegung Ihrer Geschäftsethik anwenden werden.

2. Betrachten Sie Matthäus 5,39-42.

    ▷ Wie sollten Sie den Grundsatz anwenden: „Verpflichte dich immer, mehr zu geben, als Menschen und das Gesetz von dir verlangen"?

    ▷ Wie, glauben Sie, wird die Anwendung dieses Grundsatzes Ihr Geschäft beeinflussen?

3. Stellen Sie für Ihre Firma ein ethisches Grundsatzprogramm auf. Machen Sie es bei Ihren Angestellten und Kunden bekannt.

7
Sieben Regeln
für den Erfolg
im Unternehmen

Das Erfolgssyndrom der Werbewirtschaft hat unsere Gesellschaft fest im Griff. Die Buchhandlungen bieten ein großes Sortiment von Ratgebern an, die Ihnen Erfolg in allem versprechen, ob im Sex oder im Tennis. Sie sagen Ihnen, wie man die Karriereleiter hinaufsteigt, wie man sich dabei kleidet und wie Sie mit dem Erfolg fertig werden, wenn Sie ihn haben.

In diesem Kapitel werden wir die Sicht der Welt über Erfolg mit der Sicht Gottes vergleichen. Wir werden uns ansehen, was es bedeutet, ein „christliches" Geschäft zu haben, und die „Gesetze" untersuchen, die wahren Geschäftserfolg bewirken und steuern.

Wie die Welt Erfolg definiert

Sobald jemand Christ wird, dauert es nicht lange, bis er erkennt, daß ein großer Unterschied besteht zwischen den Gedanken und Taten der Welt auf der einen Seite und dem, was die Bibel lehrt, auf der anderen.

Ich habe schon mehrfach in diesem Buch erwähnt, daß Satan ein Meisterverführer ist. Für jeden Grundsatz, den Gott lehrt, hat Satan eine Fälschung parat. Und das gilt ganz gewiß bei der Definition von Erfolg.

Kürzlich sah ich eine Zeitungsannonce, die für ein Seminar warb. Die Überschrift verriet: „Kommen Sie, lernen Sie die Geheimnisse des Erfolgs kennen!" Ich entschloß mich hinzugehen, ich wollte unbedingt hinter diese „Geheimnisse" kommen.

Der Saal war gerammelt voll mit Menschen aller Altersgruppen zwischen Anfang 20 und Ende 60. Der Redner eröffnete seinen Vortrag mit der Behauptung: „Ich bin hier, um Ihnen zu zeigen, wie Sie soviel Geld machen können, wie Sie wollen. Bald werden Sie in der Lage sein, jedes gewünschte Erfolgsniveau zu erreichen, das Sie in Ihrem Leben anstreben."

Wie dieser Mann meinen manche Leute, Erfolg sei meßbar an der Fähigkeit, *Sachen zu kaufen*. Sie glauben, je mehr „Sachen" man hat oder kaufen kann, desto erfolgreicher ist man. Sie beurteilen ihren Erfolg am Format ihrer Einkäufe – wie groß das Haus ist, in dem sie leben, wie viele Autos sie besitzen, was für Reisen sie gemacht haben und so weiter. Für diese Menschen ist Geld die Basis des Erfolgs; je mehr Geld sie besitzen, desto mehr Sachen können sie kaufen.

Andere messen Erfolg eher am *Ansehen* als am Geld. Je mehr sie leisten, desto erfolgreicher sind sie. Eine beliebte Definition von Erfolg ist: „Erfolg ist das zügige Erreichen eines lohnenden Zieles."

Die Leute streben nach Erfolg, weil sie sich darunter Glück, Frieden, Freude und Erfüllung vorstellen. Wenn sie sich jedoch an die weltliche Sicht des Erfolgs halten, ist nichts von ihrem Glück, ihrem Frieden, ihrer Freude oder ihrer Erfüllung von Dauer. Manchmal entdecken sie – zu spät –, daß sie zu einer falschen Vorstellung von Erfolg verführt worden sind.

J. Paul Getty war zu seinen Lebzeiten einer der reichsten Männer der Welt. Aus dem Gewinn seiner Ölgesellschaft hatte er alle „Sachen" gekauft, die für Geld nur zu haben sind. Seine Bäume waren fast in den Himmel gewachsen. Gegen Ende seines Lebens mußte er jedoch bekennen: „All mein Reichtum und Erfolg hat mir nicht einmal zu einer glücklichen Ehe verholfen." Getty war dahintergekommen, daß ihm alles Ansehen in der Welt kein Glück, keinen

Frieden, keine Freude und keine Erfüllung von Dauer verschaffen konnten.

„Es ist nicht alles Gold, was glänzt", weiß ein altes Sprichwort. Das gilt bestimmt für die weltliche Sicht von Erfolg und wie man ihn erlangt. Viel zuviele Menschen in der Wirtschaft haben ihr ganzes Leben gegeben, um Sachen, Geld und Ansehen nachzujagen. Aber sie mußten oft genug entdecken, daß sie die weltliche Definition von Erfolg letzten Endes leer und unerfüllt gelassen hat.

Wie die Bibel Erfolg definiert

Gott sagt:

„Meine Gedanken sind nicht eure Gedanken, und eure Wege sind nicht meine Wege; sondern so hoch der Himmel über der Erde ist, so viel höher sind meine Wege als eure Wege und meine Gedanken als eure Gedanken" (Jesaja 55,8-9).

Dieser Abschnitt bringt deutlich zum Ausdruck, daß Gottes Werte, Grundsätze und Handlungen gewöhnlich denen der Welt diametral entgegengesetzt sind.

Das heißt nicht, daß es falsch ist, „Sachen" zu besitzen. Wir haben im 3. Kapitel gesehen, daß Gott versprochen hat, uns mit materiellen Gütern zu versorgen, wenn wir zuerst nach seinem Reich trachten. Und es bedeutet auch nicht, daß es falsch ist, Ziele zu verfolgen und unsere Fortschritte dabei zu bewerten. Wenn jedoch unsere Maßstäbe für Erfolg lediglich materielle Dinge und Prestige sind, geben wir uns mit weit weniger zufrieden als mit dem echten Erfolg, den Gott für uns bereit hält.

Wie sagt doch Paulus den Philippern? „Aber seit ich Christus kenne, ist für mich alles ein Verlust, was ich früher als großen Gewinn betrachtet habe. Denn das ist mir klar geworden: gegenüber dem unvergleichlichen Gewinn, daß

Jesus Christus mein Herr ist, hat alles andere seinen Wert verloren" (Philipper 3,7-8).

Es ist wichtig zu wissen, wer Paulus war, der diese Aussage gemacht hat: Er hatte bei Gamaliel studiert und war hochgebildet. Er war Pharisäer, ein Mitglied der elitären und politischen Gruppe der Juden. Er war auch römischer Staatsbürger – damals eine große Ehre. Und er war Geschäftsmann – ein geschickter Zeltmacher.

Aber Paulus wurde bewußt, daß wahrer Erfolg nicht in diesen Dingen lag, die er sich angeeignet, oder im Renommee, das er sich erworben hatte. Er sagt: „Alles ist für mich ein Verlust, gegenüber dem unvergleichlichen Gewinn, daß Jesus Christus mein Herr ist." Die Quintessenz dessen, was uns der Apostel hier sagen will, ist, daß wir erst dann wirklich erfolgreich sind, wenn wir Jesus Christus zum Herrn unseres Lebens gemacht haben.

Warum? – Beachten Sie die Worte Jesu in Johannes 10,10: „Der Dieb kommt, um zu stehlen, zu schlachten und zu vernichten. Ich aber bringe allen, die zu mir gehören, das Leben – und dies im Überfluß." Mit anderen Worten: Jesus gibt uns nicht nur ewiges Leben und eine Wohnung im Himmel, er gibt uns auch Leben *„im Überfluß"*. Nun – das ist *wahrer* Erfolg. Und er kommt daher, daß wir Jesus Christus als unseren persönlichen Herrn und Retter annehmen und ihn dann seine Pläne und Ziele durch uns und unser Geschäft verwirklichen lassen.

Die Welt sucht verzweifelt nach einem „erfüllten Leben". Aber sie sucht nur an den falschen Plätzen. Satan hat die Menschen in der Wirtschaft verführt, das erfüllte Leben in den materiellen Dingen und im Ansehen zu suchen statt in Jesus Christus.

Solche Menschen müssen mit der Wahrheit bekannt gemacht werden, die wir gerade betrachtet haben. Paulus lehrt uns aus seiner eigenen Erfahrung, daß der Schlüssel zum *wahren* Erfolg darin besteht, Christus zu kennen. Er sagt, alles andere sei wertlos gegenüber dem unvergleichlichen Gewinn, daß Jesus Christus sein Herr ist.

Im Rest des Kapitels werden wir untersuchen, wie die Vertrautheit mit Christus die Grundlage für Prinzipien oder „Gesetze" ist, die Ihnen zu Erfolg in Ihrem Leben und Geschäft verhelfen können.

1. Regel: Setzen Sie Gott in Ihrem Leben und Geschäft immer an die erste Stelle

In 5. Mose 6,5 wird gesagt: „Du sollst den HERRN, deinen Gott, lieben mit deinem ganzen Herzen, mit deiner ganzen Seele und mit aller deiner Kraft." Kurz gesagt, dieser Vers gebietet uns, Gott mit unserem ganzen Sein – Herz, Seele und Kraft – die Nummer eins sein zu lassen.

Es gibt zwei wichtige Gründe, Gott in unserem Leben und Geschäft den ersten Platz einzuräumen. Erstens wird Gott sich mit dem zweiten Platz nicht zufrieden geben. Er will der Herr über alles sein – oder über nichts. Erinnern Sie sich an die Aussage in Matthäus, die wir weiter oben betrachtet haben:

„Niemand kann zwei Herren dienen; denn entweder wird er den einen hassen und den anderen lieben, oder er wird dem einen anhangen und den anderen verachten. Ihr könnt nicht Gott dienen und dem Mammon" (Matthäus 6,24).

Das erste der Zehn Gebote in 2. Mose 20 läßt uns ganz genau wissen, wie Gott über seinen Rang in unserem Leben denkt: „Du sollst keine anderen Götter neben mir haben!" (2. Mose 20,3). Mit anderen Worten: Nichts in unserem Leben soll vor Gott Vorrang haben – nicht das Geschäft, nicht das Geldverdienen, nicht unsere Familie. *Nichts!*

Der zweite Grund dafür, Gott den ersten Rang in Leben und Geschäft einzuräumen, findet sich in Matthäus 6,33: „Gebt nur Gott und seiner Sache den ersten Platz in eurem Leben, so wird er euch auch alles geben, was ihr nötig habt."

Dieser Vers besagt, daß er Ihnen alles, was bei den Heiden den ersten Rang im Leben einnimmt – Geld, materielle Dinge, Ansehen –, geben wird, soweit es gut für Sie ist.

Wenn Gott in Ihrem Leben und in Ihrem Geschäft nicht an erster Stelle kommt, dann müssen Sie sich auf *sich selbst* verlassen, um im Geschäft Erfolg zu haben. Wenn jedoch Gott den ersten Rang einnimmt, wird er die Quelle für produktiven Erfolg. Stellen Sie sich das einmal vor! Wenn Gott an erster Stelle Ihres Lebens und Ihres Geschäfts kommt, haben Sie seine unbegrenzte Macht, seine unerschöpflichen Ressourcen hinter sich. Einen besseren Gönner können Sie nicht finden!

Die Bibel bezeugt Gottes Macht ganz klar: „Ich erkenne, daß du alles kannst und kein Plan dir unausführbar ist" (Hiob 42,2). Und: „Für Gott ist nichts unmöglich" (Lukas 1,37).

Ich weiß nicht, wie es Ihnen geht, aber ich fühle mich sehr sicher, wenn ich Gott den ersten Rang in meinem Geschäft einräume. Ich will jeden Tag seine Ressourcen über die meinen stellen! Gott den ersten Rang im Geschäft zuzuweisen ist wahrhaftig der erste und wichtigste Schritt zu einem „Leben im Überfluß".

2. Regel: Lernen Sie Gottes Wort kennen, und wenden Sie es in Ihrem Leben und Ihrem Geschäft an

Leider sieht es so aus, daß viele christliche Geschäftsleute von Gottes Wort – der Bibel – sehr wenig wissen, und noch weniger, wie sie es auf die alltäglichen Transaktionen in der Wirtschaft anwenden sollen.

Die Bibel ist das beste Lehrbuch über Betriebsführung, das je geschrieben wurde. Sie gibt uns Grundregeln für alles – von der Finanzierung über die Entscheidungsfindung bis hin zur Bewertung der Leistung von Mitarbeitern. Die Bibel ist wahrscheinlich die allerhöchste Autorität in Fragen einer erfolgreichen Geschäftsentwicklung.

Beherzigen Sie daher die Aufforderung: „Dieses Gesetzbuch soll nicht von deinem Munde weichen, sondern forsche darin Tag und Nacht, auf daß du achtgebest, zu tun
nach allem, was darin geschrieben steht; denn alsdann wird
dir dein Weg gelingen" (Josua 1,8).

Wir sollen also Gottes Wort *täglich* betrachten. Außerdem
ermutigt uns dieser Vers, alles, was wir daraus lernen, auch
anzuwenden. Und es verspricht uns, daß „unser Weg gelingt", wenn wir es tun, das heißt, daß wir gedeihen und Erfolg haben werden.

Dies ist nicht der einzige Vers, der solches behauptet. In
den Psalmen lesen wir:

„Das Gesetz des HERRN ist vollkommen und erquickt die
Seele; das Zeugnis des Herrn ist zuverlässig und macht die
Einfältigen weise. Die Befehle des HERRN sind richtig
und erfreuen das Herz, das Gebot des HERRN ist lauter
und erleuchtet die Augen; die Furcht des HERRN ist rein
und bleibt ewig, die Verordnungen des HERRN sind wahrhaft, allesamt gerecht. Sie sind begehrenswerter als Gold
und viel Feingold, süßer als Honig und Honigseim und wer
sie beobachtet, dem wird reicher Lohn" (Psalm 19,8-12).

Welch phantastische Beschreibung von Gottes Wort, seinen
Werten und Segnungen für alle, die ihm gehorchen! Gottes
Gesetze und Grundsätze sind *vollkommen* und *lauter, wahr-
haft* und *gerecht.* Wie tröstlich!

Ich weiß kein anderes Buch über Betriebsführung, das
von sich behaupten könnte, sein Inhalt sei „vollkommen".
Gewiß kann kein anderes Buch behaupten, seine Lehrsätze
gelten ewig. Heute wechseln die Theorien über Betriebsführung so rasch wie das Wetter. Wichtig ist auch, daß jeder
in der Bibel vorgestellte Grundsatz für alle Beteiligten gerecht ist – für den Inhaber, den Mitarbeiter, den Kunden
und den Konkurrenten.

Der Abschnitt sagt uns auch, daß Gottes Wort „begehrenswerter als Gold" ist. – Weil die Bibel uns sagt, wie man

zu Gold kommt, was wir damit tun sollen, wenn wir es haben, und schließlich, wie wir – mit oder ohne – wahrhaft glücklich sein können.

Zu guter Letzt erwähnt dieser Text, daß derjenige reich belohnt wird, der Gottes Wort beachtet. Es bewahrt uns vor falschen Entscheidungen und gibt uns Grundsätze für erfolgreiches geschäftliches Handeln. Aber es stellt eine Bedingung zur Erlangung all dieser wunderbaren Segnungen: *Wir müssen sie beachten!*

Russ Johnston, ein enger Freund und Geschäftsmann, hat vor einigen Jahren ein Mietshaus in Eigentumswohnungen umgewandelt. Kürzlich erzählte er mir: „Als wir mit dem Projekt anfingen, haben wir uns dazu entschlossen, Gottes Grundsätze in jeder Phase des Geschäfts anzuwenden. Als wir darüber beteten, kamen wir zu dem Schluß, daß wir unser Verkaufsbüro sonntags schließen sollten. Wir hatten den Eindruck, daß Gott uns sagte, wir sollten dadurch den Sabbat heiligen."

Ihr Verkaufsbüro war das einzige in der Gegend, das sonntags geschlossen war. Manchmal waren sie großem Druck ausgesetzt, sonntags zu öffnen, denn gerade Sonntag haben die meisten Leute Zeit zur Besichtigung. „Aber ich verfüge über Erfahrungen aus erster Hand, daß es sich auszahlt, sich auch bei Geschäften an Gottes Grundsätze zu halten", erklärte er weiter. „Von allen Sanierungsprojekten der Stadt war nämlich unseres das einzige, das in den letzten fünf Jahren abgeschlossen worden ist – obwohl die anderen Mitbewerber sehr viel mehr Zeit, Energie und Geld in ihre Projekte gesteckt haben als wir."

Auch Sie können wie Russ Johnston erfolgreich sein – selbst wenn andere scheitern –, wenn Sie lernen, Gottes Wort täglich in Ihrem Geschäft anzuwenden. Aber Sie können es nicht anwenden, wenn Sie es nicht kennen! Machen Sie sich also vertraut mit der Schrift, und wenden Sie sie beständig in Ihrem Leben und Ihrem Geschäft an.

3. Regel: Erwarten Sie große Dinge von einem großen Gott

Sobald wir Gott in unserem Leben und unserem Geschäft den ersten Rang eingeräumt haben und sein Wort betrachten und täglich anwenden, können wir wunderbare Dinge von einem wunderbaren Gott erwarten.

Was wollen Sie mit Ihrem Geschäft in diesem Jahr erreichen? Was im nächsten? Was in fünf Jahren? Sind Sie sich dessen bewußt, daß Gott unbegrenzte Macht und Ressourcen für Sie bereitstellt, um Großes in Ihrem Leben und in Ihrem Geschäft zu bewirken?

Paulus bekräftigt die Wahrheit dieser Tatsache in seinem Brief an die Epheser:

„Gott aber kann viel mehr tun, als wir von ihm erbitten oder uns auch nur vorstellen können. So groß ist seine Kraft, die in uns wirkt. Deshalb wollen wir ihn mit der ganzen Gemeinde durch Jesus Christus ewig und für alle Zeiten preisen" (Epheser 3,20).

Welche phantastische Verheißung! Gott sagt, daß er uns Macht zur Verfügung stellt, um *mehr* zu erreichen, als wir jemals bitten oder erträumen können.

Der Gott, der unser Mehrheitsteilhaber sein will, ist ein großer Gott. Es war Ihr Mehrheitsteilhaber, der gesagt hat: „‚Es werde Licht!' Und es ward Licht. ‚Es lasse die Erde grünes Gras sprossen und Gewächs.' Und es ward so. ‚Das Wasser soll wimmeln von einer Fülle lebendiger Wesen.' Und Gott sah, daß es gut war. ‚Wir wollen Menschen machen nach unserm Bild.' Und Gott schuf den Menschen ihm zum Bilde" (1. Mose 1,3.11.20-21.26-27).

Nennen Sie mir doch irgendeinen nichtchristlichen Geschäftsmann mit einem Kompagnon, der auch nur etwas Ähnliches zuwege bringt! Unser Gott hat *unbegrenzte Macht,* und diese Macht steht *jedem* Gläubigen zur Verfügung.

Aber wie die Kinder Israel sind viele von uns nicht geneigt, Gottes Angebot anzunehmen. Im Buch Josua wird uns gesagt, daß über die Hälfte der Stämme Israels immer noch nicht von dem Land Besitz ergriffen, obwohl Gott den Israeliten das Gelobte Land gegeben hatte und ihnen beträchtliche Zeit dafür zur Verfügung stand. Das veranlaßte Josua zu der Frage: „Wie lange seid ihr so lässig und gehet nicht hin, das Land einzunehmen, das euch der HERR, eurer Väter Gott, gegeben hat?" (Josua 18,3).

Es ist eine Tatsache, daß Gott seinen Kindern dieses Land gegeben hat, aber sie waren überhaupt nicht geneigt, sein Geschenk anzunehmen. Vielleicht sagen Sie jetzt: „Wenn Gott *mir* dieses Land gegeben hätte, dann hätte ich sicher sofort zugegriffen!" Aber Gott hat uns etwas weit Wertvolleres angeboten. Er hat uns seine unbegrenzte Macht zur Verfügung gestellt; die meisten von uns ignorieren jedoch dieses Angebot und versuchen, aus ihrer eigenen, kümmerlichen Kraft zu schöpfen, wenn sie erfolgreich auf dem Markt konkurrieren wollen.

Weiter oben habe ich Sie nach Ihren Zielen gefragt. Normalerweise setzt sich niemand Ziele, die er nicht auch erreichen kann. Wenn wir uns auf menschliche Kraft verlassen müssen, werden wir unsere Ziele auf das begrenzen, was wir glauben, erreichen zu können; sie werden nicht annähernd so groß sein, als wenn wir auf Gott und seine unbegrenzte Macht vertrauen würden.

Ihr Unternehmen wird niemals sein volles Erfolgspotential entfalten, solange Sie nicht Ziele anvisieren, bei denen Sie mit Gott rechnen. Fangen Sie an. Erwarten Sie von einem großen Gott Großes!

4. Regel: Bewerten Sie Menschen höher als Produkte

Kürzlich erhielt ich einen Brief von einer Produktionsfirma. Das Firmenmotto war quer über den Briefkopf gedruckt: „Unser Produkt – unser wertvollster Besitz."

Das machte mich traurig, sowohl wegen der Mitarbeiter

dieser Firma als auch wegen ihrer Kunden, die ihre Dienste in Anspruch nahmen. Wenn Sie wirklich geschäftlichen Erfolg suchen, so müssen die *Menschen* das wichtigste sein. Und das sind nicht nur die Kunden, die Ihre Produkte und Dienstleistungen kaufen. Es sind alle, die mit Ihrem Geschäft zu tun haben.

Wenn wir wirklich erfolgreich sein wollen, müssen wir unsere Prioritäten nach Gottes Prioritäten ausrichten. Er ist unser Mehrheitsteilhaber! Und Gott läßt keine Zweifel aufkommen, daß Menschen seine höchste Priorität sind. Das Produkt, das unsere Firma herstellt, ist nur ein Werkzeug, mit dem wir den Menschen dienen. Wir gebrauchen das Produkt, um die Bedürfnisse unserer Kunden zu befriedigen. Und wir benutzen das Produkt, damit Geld fließt und die laufenden Bedürfnisse unserer Mitarbeiter und Kunden befriedigt werden können.

Das heißt nicht, daß wir die Qualität unseres Produkts oder unserer Dienstleistungen vernachlässigen sollen. In Kolosser 3,23 lesen wir: „Denkt bei allem daran, daß ihr für Gott und nicht für die Menschen arbeitet." Dieser Vers macht sogar deutlich, daß wir das qualitativ bestmögliche Produkt herstellen sollen.

Worauf es mir ankommt, ist, daß wir die Menschen in den Vordergrund stellen müssen, um aus Gottes Sicht geschäftlich erfolgreich zu sein. Sie sind vorrangig.

Dieser Grundsatz wird auch im Matthäusevangelium illustriert. Hier sagt Christus, daß materielle Dinge nicht wichtiger sind als Menschen: „Denn was gewinnt ein Mensch, selbst wenn ihm die ganze Welt zufällt und er dabei das ewige Leben verliert? Mit nichts auf der Welt kann er es wieder erwerben" (16,26). Dieser Vers spielt auf den unvergleichlichen Wert des Individuums an. Gott behauptet, daß ein Mensch wertvoller ist als alle Reichtümer dieser Welt.

Aus diesem Grund sind Gottes Hauptziel für Ihr Unternehmen die Menschen. Er möchte, daß Sie in den Menschen den gleichen Wert sehen wie er. Nur wenn das so ist, kann Gott Ihr Geschäft frei dazu benützen, Menschen in der Geschäftswelt zu erreichen und Satans Plan zur Beherrschung der Wirtschaft vereiteln.

Wir müssen uns daran erinnern, daß die Engel im Himmel mehr über einen jubeln, der Jesus Christus annimmt, als über den ganzen Profit, den wir in unserem Leben machen! Verlieren Sie also nicht die Sicht auf Ihre Prioritäten im Geschäft, und denken Sie daran, daß Menschen weit wertvoller sind als irgendein Produkt auf dem Markt.

5. Regel: Geben Sie Gott das Beste von Ihrem Gewinn

Wenn Gott Ihr Mehrheitsteilhaber ist, dann sollte er auch entscheiden dürfen, wie Ihr Betriebsgewinn verwendet wird. Die Schrift vertritt dieses Prinzip klipp und klar:

„Ehre den HERRN mit deinem Gut und mit den Erstlingen all deines Einkommens, so werden sich deine Scheunen mit Überfluß füllen und deine Kelter von Most überlaufen" (Sprüche 3,9-10).

Sie sehen, daß zu diesem Gebot ein Versprechen gehört: *Wenn* Sie Gott den ersten Teil Ihres *gesamten* Einkommens geben, dann wird er Sie materiell segnen. Diese Verheißung wird in den Sprüchen bekräftigt:

„Einer teilt aus und wird doch reicher, ein anderer spart mehr, als recht ist, und wird nur ärmer. Eine segnende Seele wird gesättigt, und wer andere tränkt, wird selbst erquickt" (11,24-25).

Wie also möchte Gott, daß Sie Ihr Geld verwenden? Nun, außer daß Sie Ihrer Ortsgemeinde geben und den von Ihnen bevorzugten Missionswerken, befiehlt er Ihnen, den Armen zu geben. Beachten Sie, was uns wiederum die Sprüche dazu sagen: „Wer sich des Armen erbarmt, der leiht dem HERRN; und er wird ihm seine Wohltat vergelten!" (19,17).

Was für ein großartiger Vers! Er läßt uns wissen, daß wir die Pflicht haben, den Armen und Bedürftigen zu helfen. Wenn wir dieser Pflicht nachkommen, tätigen wir eine lukrative Investition – denn Gott zahlt hohe Zinsen auf das Geld, das wir in die Armen investieren. Man sammelt sich damit nämlich Schätze im Himmel:

„Den Reichen mußt du unbedingt einschärfen, daß sie sich nichts auf ihren irdischen Besitz einbilden oder ihre Hoffnung auf etwas so Unsicheres wie den Reichtum setzen. Sie sollen vielmehr auf Gott hoffen, der uns reich beschenkt mit allem, was wir brauchen. Sage ihnen, daß sie Gutes tun sollen und gern von ihrem Reichtum abgeben, um anderen zu helfen. So werden sie wirklich reich sein und sich ein gutes Fundament für die Zukunft schaffen, um das wahre und ewige Leben zu gewinnen" (1. Timotheus 6,17-19).

Wenn Sie also das, was Sie besitzen, mit denen teilen, die in Not sind, ist das Ihre beste Investition als Geschäftsmann oder Geschäftsfrau. Wenn Sie das tun, wird Gott Ihnen nicht nur als Gegenleistung eine gute Verzinsung in diesem Leben geben, sondern Ihnen auch Schätze auf Ihrem himmlischen Konto gutschreiben. Wo könnten Sie sonst ein derartiges Geschäft machen?

6. Regel: Verpflichten Sie sich zu Ehrlichkeit und Integrität

Der Schreiber der Sprüche sagt uns, daß „gesetzliches Maß und Gewicht vom Herrn kommen" (16,11).

Dieser Vers will uns sagen, daß Gott grundsätzlich Fairneß im Geschäftsleben fordert. Das ist nicht nur eine unverbindliche Empfehlung für christliche Geschäftsleute. Gott besteht darauf! Nebenbei bemerkt: Der Grundsatz von Ehrlichkeit im Geschäftsleben stammt direkt von Gott.

Der gleiche Grundsatz kommt auch in 5. Mose 25,15 zum Ausdruck: „Du sollst volles und rechtes Gewicht und volles und rechtes Hohlmaß haben, auf daß du lange lebest in dem Lande, das dir der HERR, dein Gott, gibt." Wieder sagt Gott, daß Ehrlichkeit und Integrität enorme Segnungen bringen. Gott ist jedoch genauso eindeutig, wenn es um Unaufrichtigkeit in Geschäftsdingen geht: „Wer mit lügenhafter Zunge Schätze erwirbt, der jagt nach Wind und sucht den Tod. Die Gewalttätigkeit der Gottlosen rafft sie weg; denn sie weigern sich, das Recht zu tun" (Sprüche 21,6-7).

Kurz gesagt: Unehrlichkeit im Geschäftsleben ist riskant! Solchermaßen erzielte Gewinne sind nicht von Dauer.

Einige Geschäftsleute sind jedoch zu der Annahme verführt worden, daß Unehrlichkeit und Betrug lediglich gewitzte *Geschäftspraktiken* sind. Wen kümmert das schon, wenn ein Unternehmer durch etwas dubiose Praktiken mehr Geld aus einem Geschäft herausholen kann? Gott! Sein Wort ist strikt dagegen. Es sagt unmißverständlich, daß Leute, die im Geschäft betrügen, ihr Geld *und* ihr Geschäft verlieren werden.

Wenn Sie also Ihr Geschäft wirklich erfolgreich und lange führen wollen, dann müssen Sie sich zu ehrlichen und fairen Geschäftspraktiken verpflichten!

7. Regel: Betreiben Sie Ihr Geschäft mit Fleiß

„Nachlässigkeit macht arm; aber eine fleißige Hand macht reich" (Sprüche 10,4), und „Der Faule wünscht sich viel und hat doch nichts; die Seele des Fleißigen aber wird reichlich gesättigt" (Sprüche 13,4). Diese Verse sind deshalb bedeutsam, weil sie den Christen zum Fleiß ermahnen. Er muß die Gesetze des Geschäftserfolgs, die in diesem Kapitel vorgestellt worden sind, gewissenhaft einhalten und zu seinem Arbeitsstil machen. Nach diesen beiden Versen aus den Sprüchen ist also Fleiß einer der Schlüssel zu Wohlstand und Erfolg.

Ich möchte Sie gern herausfordern, diese sieben Regeln des Geschäftserfolgs anzuwenden. Machen Sie sie zum festen Bestandteil Ihres Privat- und Geschäftslebens. Sie werden dann erfahren, daß Gott mit Ihnen und Ihrem Unternehmen Dinge vollbringt, an die Sie nicht einmal im Traum gedacht haben.

Zusammenfassung

Nach den Maßstäben der Welt wird Erfolg an der Fähigkeit gemessen, materielle Dinge zu kaufen und Macht und Ansehen zu gewinnen. Je mehr materielle Dinge Sie besitzen – Häuser, Autos und so weiter – und je höher Ihre Macht und Ihr Ansehen sind, desto erfolgreicher sind Sie in den Augen der Welt. Aber in Prediger 2,11 lesen wir, daß all diese Sachen, Macht und Ansehen bedeutungslos sind, „ein Haschen nach Wind".

Paulus schreibt über dieses Thema in seinem Brief an die Philipper: „Aber seit ich Christus kenne, ist für mich alles ein Verlust, was ich früher als großen Gewinn betrachtet habe. Denn das ist mir klar geworden: Gegenüber dem unvergleichlichen Gewinn, daß Jesus Christus mein Herr ist, hat alles andere seinen Wert verloren" (3,7-8).

Paulus sagt hier, daß materielle Dinge, Macht und Ansehen nicht annähernd soviel wert sind wie Jesus Christus als persönlichen Herrn und Retter zu kennen. Solch eine Beziehung zu ihm ist das Fundament für wahren Erfolg.

Sobald Sie Jesus Christus die Macht über Ihr Leben eingeräumt haben, gelten für Sie automatisch die siebenfachen biblischen Grundsätze des Geschäftserfolgs:

1. Setzen Sie Gott in Ihrem Leben und Geschäft immer an die erste Stelle.
2. Lernen Sie Gottes Wort kennen, und wenden Sie es in Ihrem Leben und Ihrem Geschäft an.
3. Erwarten Sie große Dinge von einem großen Gott.

4. Bewerten Sie Menschen höher als Produkte.
5. Geben Sie Gott das Beste von Ihrem Gewinn.
6. Verpflichten Sie sich zu Ehrlichkeit und Integrität.
7. Betreiben Sie Ihr Geschäft mit Fleiß.

Persönliche Nutzanwendung

Betrachten Sie nacheinander die sieben Regeln des Geschäftserfolgs, und stellen Sie einen Aktionsplan auf, damit sie ein fester Bestandteil Ihres Lebens und Ihres Geschäfts werden können.

8
Wie Gott unsere Fehlschläge in Erfolg verwandelt

Fehlschläge sind die Leitersprossen zum Erfolg. Das Leben eines Mannes aus dem mittleren Westen der Vereinigten Staaten ist ein Musterbeispiel dafür. Seine Schwierigkeiten fingen damit an, daß er im Jahr 1832 seine Stellung verlor. Im selben Jahr bewarb er sich für das Parlament seines Bundesstaates und verlor. Im Jahr 1834 verlor er wieder seine Stellung. Und im darauffolgenden Jahr starb, als wäre das noch nicht genug, seine Braut. Im Jahr 1836 hatte er einen Nervenzusammenbruch.

Bis zu diesem Zeitpunkt hatte er mehr Fehlschläge und Schicksalsschläge erlebt als die meisten Menschen in ihrem ganzen Leben. Aber das war erst der Anfang.

1834 verlor er eine Kongreßwahl, gewann aber dann schließlich im Jahr 1846 einen Sitz im Repräsentantenhaus. Aber sein Erfolg war nur von kurzer Dauer; er wurde 1848 nicht wiedergewählt. Im darauffolgenden Jahr versuchte er, sich eine Stellung als Grundbuchbeamter zu sichern, aber er wurde abgelehnt. Im Jahr 1854 bewarb er sich für den Senat – und verlor. Zwei Jahre später wurde er als möglicher Kandidat für die Vizepräsidentschaft vorgeschlagen; aber ein anderer wurde an seiner Stelle gewählt. 1858 bewarb er sich erneut für den Senat. Wieder verlor er.

Im Jahr 1860 jedoch wurde er zum Präsidenten der Vereinigten Staaten gewählt. Sein Name? Abraham Lincoln! Mehr als jeder andere Mann in der amerikanischen Geschichte bewies Lincoln, daß Fehlschläge wertvolle Schulungskurse für künftigen Erfolg sind.

Abraham Lincoln verlor die eine Stellung und wurde für die andere abgelehnt, erlitt den Tod seiner Braut, machte einen Nervenzusammenbruch durch und wurde bei der Bewerbung um ein politisches Amt mehrmals geschlagen, bevor er schließlich Präsident der Vereinigten Staaten wurde. Er hat wirklich gelernt, seine Fehlschläge als Leiter zum Erfolg zu nutzen.

Aber an Lincoln erinnert man sich nicht wegen seiner Fehlschläge, wir kennen ihn als großen Staatsmann. Vermutlich wissen viele nicht einmal etwas von Lincolns Fehlschlägen. Aber wir alle kennen seinen Erfolg. Deshalb sollten wir uns nicht von den Fehlschlägen in unserem Leben schrecken lassen. Wichtig ist, wie wir mit ihnen umgehen. Unser Vermögen, die gegenwärtigen Fehlschläge zu überwinden, bestimmt unsere Fähigkeit, in der Zukunft Erfolg zu haben.

Gott sieht unsere Fehlschläge als Chancen

Für den Christen ist ein Fehlschlag vor allem eine Sache der Perspektive. Manchmal sehen wir Fehlschläge als Vorboten einer Katastrophe. Es gibt Momente, da sieht unsere Lage so schlecht aus, daß wir aufgeben und uns in ein Mauseloch verkriechen möchten.

Aber wußten Sie, daß Gott die Fehlschläge der Christen immer als großartige *Chancen* sieht? Denn in unserer Verzweiflung kann Gott uns – und der übrigen Welt – seine allmächtige Kraft zeigen, mit der er uns rettet.

„Rufe mich an am Tage der Not, so will ich dich erretten, und du sollst mich ehren!" (Psalm 50,15).

Durch diesen Vers sagt uns Gott zuerst einmal, daß es „Tage der Not" *geben wird.* Auch wenn wir christliche Geschäftsleute sind, heißt das noch lange nicht, daß wir von allen Schwierigkeiten, Problemen und Katastrophen verschont bleiben, die „weltliche" Unternehmer durchmachen müssen.

Ich spreche häufig mit christlichen Geschäftsleuten, die meinen, weil sie Christen sind, seien sie irgendwie immun gegen die Schwierigkeiten und Rückschläge, die nichtchristliche Unternehmer erfahren müssen. Das stimmt nicht.

Nicht nur der Psalmist sagt uns, daß wir Tage der Not erleben werden. Jeremia spielt auf das Maß dieser Schwierigkeiten an:

„Gesegnet ist der Mann, der auf den HERRN vertraut und dessen Zuversicht der HERR geworden ist! Denn er wird sein wie ein Baum, der am Wasser gepflanzt ist und seine Wurzeln zu den Bächen ausstreckt. Er fürchtet die Hitze nicht, wenn sie kommt, sondern seine Blätter bleiben grün; auch in einem dürren Jahr braucht er sich nicht zu sorgen, und er hört nicht auf, Frucht zu bringen" (Jeremia 17,7-8).

Dieser Text läßt erkennen, daß auch der Fromme seine Schwierigkeiten und Fehlschläge erlebt. Auch wenn sich Jeremia auf solche bezieht, „die auf den Herrn vertrauen", sagt er, daß die Hitze und gelegentlich dürre Jahre kommen werden. Aber auch in den härtesten Zeiten rettet Gott jene, die auf ihn vertrauen: „Rufe mich an am Tage der Not, so will ich dich erretten, und du sollst mich ehren!" (Psalm 50,15).

Während ich Fehlschläge erleide, leitet Gott schon meine Rettung ein! Während ich noch daran denke, daß eine Gelegenheit verpaßt wurde, freut sich Gott schon über die Gelegenheit, mir zu helfen.

Und warum ist Gott so bestrebt, uns zu helfen, wenn wir in Schwierigkeiten sind oder versagen? „Rufe mich an am Tage der Not, so will ich dich erretten, und *du sollst mich ehren*" (Psalm 50,15; Hervorhebung von mir). Gott will uns retten, wenn wir versagen, denn auf diese Weise können wir – und die übrige Welt – lernen, daß er ein persönlicher

Gott ist; er ist derjenige, der willens und in der Lage ist, durch jede Schwierigkeit hindurchzuhelfen, die uns widerfährt.

Wenn wir unsere Probleme selbst lösen, wer bekommt dann die Ehre? *Wir* – und andere Geschäftsleute beneiden oder bewundern uns für unser geschäftliches Gespür. Aber wenn wir in Bedrängnis auf Gott vertrauen und er uns aus der mißlichen Lage rettet, wer bekommt dann die Ehre? Gott!

Aus diesem Grund möchte Gott unsere Fehlschläge in Erfolge verwandeln. Wir – und die übrigen Geschäftsleute – sollen begreifen, daß er sich für die Probleme der Geschäftsleute interessiert. Der Herr will uns erlösen, wenn wir ihm nur vertrauen und ihn unser Geschäftspartner sein lassen.

Der Wert von Fehlschlägen

Die meisten Leute sehen Fehlschläge negativ. Die Bibel sagt jedoch, daß wir unsere Fehlschläge als positive Lernerfahrungen betrachten sollen, die helfen können, unseren Charakter zu formen und unsere persönlichen Fähigkeiten zu vergrößern.

Jakobus beschreibt ganz deutlich, wie wertvoll Schwierigkeiten und Fehlschläge in unserem Leben sein können:

„Liebe Brüder! Ihr braucht nicht zu verzweifeln, wenn euer Glaube immer wieder hart auf die Probe gestellt wird. Im Gegenteil: Freut euch darüber! Denn durch solche Bewährungsproben wird euer Glaube fest und unerschütterlich. Bis zuletzt sollt ihr so unerschütterlich festbleiben, damit ihr in jeder Beziehung zur vollen geistlichen Reife gelangt und niemand euch etwas vorwerfen kann oder etwas an euch zu bemängeln hat" (1,2-4).

In diesem Abschnitt lehrt uns Gott, daß Fehlschläge außerordentlich wertvoll für unser Leben werden können. Wir

lernen ja gerade aus unseren Fehlschlägen und Schwierigkeiten die Grundsätze, die Erfolge hervorzubringen. Damit uns keine der Segnungen dieses Textes entgeht, wollen
wir ihn ganz genau analysieren.

Er besagt erst einmal, daß wir uns freuen sollen, wenn
wir mit Fehlschlägen und Schwierigkeiten konfrontiert werden („Liebe Brüder! Ihr braucht nicht zu verzweifeln, wenn
euer Glaube immer wieder hart auf die Probe gestellt wird.
Im Gegenteil: Freut euch darüber!"). Aber widerspricht
nicht dieser Rat direkt unseren normalen Reaktionen auf
Schwierigkeiten?

Normalerweise ist es unsere Haltung, die als erstes durch
Schwierigkeiten und Fehlschläge in Mitleidenschaft gezogen wird. Wir sind versucht zu sagen: „Warum gerade ich?"
Wir neigen dazu, alle schlechten Aspekte einer Situation in
den Mittelpunkt zu stellen.

Eines Tages erhielt ich zum Beispiel einen Anruf von Raymond Sutton, dem Inhaber einer kanadischen Speditions-
firma. Er hatte geschäftliche Schwierigkeiten.

Raymond hatte einen langfristigen Vertrag mit einem
Bergwerksunternehmen über den Abtransport von Erz. Als
die Minen aufgrund neuer Lieferverträge mit den Japanern
ihre Förderung erhöhten, kaufte Raymond in Erwartung
des höheren Transportvolumens drei neue, teure Erztrans-
port-Spezialfahrzeuge. Aber einige Monate nach dieser Investition ließ das Bergbauunternehmen Raymond wissen,
es müsse wegen eines länger andauernden Streiks der japa-
nischen Firma die Förderung herunterfahren. Das Ende
vom Lied war, daß Raymond auf den drei überzähligen La-
stern saß und nicht in der Lage war, die Raten für den Kre-
dit aufzubringen, mit dem er sie gekauft hatte. Die Bank
hatte gerade angerufen und ihm eine Frist von zwei Wochen
gestellt, die mehrere tausend Dollar hohen Rückstände zu
zahlen. Andernfalls würde ihm die Bank die drei Laster
wegnehmen – plus etwas Land, das er als Sicherheit für die
Anzahlung verpfändet hatte.

Als Raymond anrief, war er böse auf Gott, die Japaner,

die Minenfirma, die Bank – und seine Frau, weil sie ihm gesagt hatte, er solle zu Gott lieber beten statt böse auf ihn zu sein. Und nun wurde er fast noch auf mich böse, weil ich seiner Frau recht gab.

„Warum sollte ich beten?" schrie er fast ins Telefon. „Ich habe vor einem Jahr um seine Hilfe gebetet, damit ich die Laster günstig bekomme, und ich habe sie auch enorm günstig bekommen. Aber wenn Gott wußte, was kommt, warum hat er mich dann die Laster überhaupt kaufen lassen? Ich werde sie verlieren und noch ein Grundstück dazu, auf dem ich ein Sommerhäuschen bauen wollte. Gott ist mir vielleicht ein schöner Freund!"

Es gelang mir nicht, Raymond davon zu überzeugen, daß Gott diese Situation zu einem guten Ende bringen könne und wolle – *wenn er ihm nur vertraute*. Bedauerlicherweise ist Raymond ein Paradebeipiel dafür, wie Satan uns durch unsere Schwierigkeiten und Fehlschläge dazu bringt, Gott, uns und andere anzuklagen. Satan weiß, daß er in unserem Leben einen großen Sieg errungen hat, sobald er uns dazu bringt, die „negativen" Lektionen einer Notlage und nicht die positiven in den Vordergrund zu stellen. Er hat uns nämlich dann auch um die Gelegenheit betrogen, zu lernen, wie wir reifen und in Zukunft wirklich Erfolg haben können.

Wie schon oben erwähnt, müssen wir gewillt sein, uns auf das „Positive" zu konzentrieren, um aus unseren Fehlschlägen zu lernen. Wir müssen uns darüber klar werden, daß Gott es zugelassen hat, daß wir in diese Lage gekommen sind, und daß er, wie Psalm 50,15 zum Ausdruck bringt, uns retten will, damit wir ihn preisen. Noch mehr, Gott kann unsere Fehlschläge dazu gebrauchen, uns zu fähigeren, reiferen Menschen zu machen – zu Menschen, die fähig sind, Erfolg zu haben und auch damit umzugehen, wenn er uns dann zuteil wird.

Aus genau diesem Grund beginnt der Text in Jakobus, den wir weiter oben betrachtet haben, damit, daß wir uns freuen sollen, wenn wir Schwierigkeiten und Anfechtungen haben.

Diese Passage lehrt uns auch, daß wir uns auch nicht aus unseren Schwierigkeiten herausmogeln sollen. Wir sollen die Verantwortung für unsere Fehlschläge übernehmen und nicht wie Raymond Sutton versuchen, anderen für unsere eigenen Entscheidungen die Schuld zu geben.

Die einzige Möglichkeit, daß ein Fehlschlag für uns wertvoll werden kann, ist die, daß wir bereitwillig den Anteil unserer Schuld daran akzeptieren. Solange wir fortfahren, alle Fehler und alle Schuld bei anderen zu suchen, werden wir niemals zugeben oder anerkennen, daß unsere eigene Schwachheit und unsere eigenen Fehler zu dem Problem beigetragen haben. Wenn man mit Fehlschlägen zu tun hat, ist es weit produktiver, sich auf die *Lösungen* zu konzentrieren, statt Zeit darauf zu verwenden, andere dafür verantwortlich zu machen. Indem wir eine positive Einstellung einnehmen und die Verantwortung für die Schwierigkeiten übernehmen, wird erstens „unser Glaube fest", das heißt, wir werden auf alles vorbereitet sein. Zweitens werden wir „unerschütterlich bleiben", das heißt, an Charakterstärke zunehmen, und drittens schließlich zur „vollen geistlichen Reife gelangen".

Die „Überwinderhaltung"

Der „süße Duft des Erfolgs" kommt immer von den Blumen, die mit den Tränen unserer Fehlschläge begossen worden sind. Ein wichtiger Unterschied zwischen erfolgreichen und nicht erfolgreichen Geschäftsleuten ist der, daß die erfolgreichen ihre Fehlschläge überwunden haben und die erfolglosen nicht.

Wie wir in Jakobus 1,2-4 gesehen haben, ist eins der Resultate beim Überwinden von Fehlschlägen, daß sie uns „unerschütterlich" machen. Wir werden auf alles gefaßt. Ich möchte das die „Überwinderhaltung" nennen.

Die „Überwinderhaltung" gewinnen Sie, indem Sie sich Ihren Fehlschlägen stellen, zugeben, daß sie Ihnen passiert sind, die Verantwortung dafür übernehmen, Gott vertrauen, daß er Sie daraus rettet, und lernen, wie man sie in Zukunft vermeidet. Wenn Sie das tun, werden Sie, wie Jakobus 1,4 betont, bereit sein, jeder Herausforderung zu begegnen. Wenn Sie erst einmal Zeuge von Gottes „Rettungskraft" geworden sind, werden Sie in Zukunft in der Lage sein, auch große Probleme anzupacken, und Sie werden wissen, daß Gott mit allem fertig werden kann, mit dem Sie nicht fertig werden.

Abraham Lincoln wurde Präsident, weil er ein Überwinder war. Er hätte es nach seiner ersten politischen Niederlage niemals geschafft, wenn er nicht gelernt hätte zu überwinden. Aber seine Überwinderhaltung trug ihn über zahllose politische Fehlschläge hinweg schließlich ins Weiße Haus.

Der Apostel Paulus war ebenfalls ein Überwinder. In 2. Korinther 11,24-28 nennt er eine Reihe von Schwierigkeiten, die er durchmachen mußte:

„Fünfmal habe ich von den Juden die neununddreißig Schläge erhalten. Dreimal wurde ich von den Römern ausgepeitscht, und einmal hat man mich gesteinigt. Dreimal habe ich Schiffbruch erlitten; einmal trieb ich sogar einen Tag und eine ganze Nacht hilflos auf dem Meer. Auf meinen vielen Reisen bin ich immer wieder in Gefahr geraten durch Flüsse, die über die Ufer getreten waren, und durch Räuber, die mich ausrauben wollten. Gefahr drohte mir von meinem eigenen Volk ebenso wie von den Nichtjuden. In den Städten verfolgten sie mich. In der Wüste und auf dem Meer bangte ich um mein Leben. Und wie oft wollten mich falsche Brüder verraten! Mein Leben bestand aus Mühe und Plage, aus durchwachten Nächten, aus Hunger und Durst. Ich habe oft gefastet und war schutzlos der Kälte ausgesetzt. Aber das ist noch längst nicht alles. Tag für Tag bedrängt man mich und erwartet meinen Rat als Seelsorger. Dazu kommt die Sorge um alle Gemeinden."

Ja, Paulus kannte die Frustration und die Entmutigung, die mit Schwierigkeiten und Fehlschlägen einhergehen. Aber er erlebte, wie Gott ihn treu durch all diese negativen Erfahrungen brachte; dies befähigte ihn, ein Überwinder zu werden. Trotz seiner Probleme, Anfechtungen und Fehlschläge hatte er gelernt zu sagen: „Das alles kann ich durch Christus, der mir Kraft und Stärke gibt" (Philipper 4,13).

Ziehen Sie daher Vorteile aus Ihren Fehlschlägen. Sehen Sie sie als Gelegenheit, ein Überwinder zu werden. Sie haben nur zwei Alternative: entweder Sie werden ein Überwinder oder Sie lassen sich von den Fehlschlägen überwinden. Ich weiß nicht, wie es mit Ihnen ist, aber ich will es lieber mit Paulus halten!

Gottes Plan ist es, Ihre Fehlschläge in Erfolge zu verwandeln

Gott hat uns Christen nie ein Leben frei von allen Fehlschlägen versprochen. Aber er *hat* versprochen, daß er unsere Fehlschläge in Erfolge verwandelt, wenn wir ihn lieben und seinen Willen für unser Leben suchen. Paulus unterstreicht diese Tatsache, wenn er uns sagt: „Wir wissen aber, daß denen, die Gott lieben, alles zum Besten mitwirkt, denen, die nach dem Vorsatz berufen sind" (Römer 8,28; Schlachter).

Wie wunderbar! Gott sagt, daß *alles* zum Besten mitwirkt (das schließt sowohl unsere Erfolge wie auch unsere Fehlschläge ein), wenn wir ihn lieben und ihm den ersten Rang in unserem Leben einräumen. Das heißt, daß Gott ein gutes Ende herbeiführt, ganz gleich, wie schlecht eine Situation im Augenblick auch aussehen mag.

Die Wahrheit dieser Verheißung wird in der Biographie Josephs illustriert. Sie werden sich erinnern, Josephs Brüder mochten ihn nicht, weil sie den Eindruck hatten, ihr Vater bevorzuge ihn. Daher verkauften sie ihn an eine Karawane von Ismaeliten, die ihn dann in Ägypten als Sklaven weiterverkauften (1. Mose 37).

Obwohl Josephs Brüder aus Haß und Groll handelten, machte Gott aus dieser Tat etwas Gutes – sowohl für Joseph *als auch* für seine Brüder. Als Joseph in Ägypten Sklave war, gebrauchte Gott eine Reihe von Ereignissen, um ihn aus der Sklaverei herauszuholen; schließlich wurde er nach dem Pharao der zweite Mann in Ägypten (1. Mose 39-41). Dann gab es eine große Hungersnot. Josephs Vater schickte seine Söhne nach Ägypten, damit sie Getreide kaufen sollten. Als die Brüder entdeckten, daß Joseph ein wichtiger ägyptischer Beamter geworden war, fürchteten sie, von ihm wegen ihrer Untat getötet zu werden. Joseph wies jedoch seine Brüder darauf hin, daß Gott aus ihrer Absicht, ihm Böses anzutun, Gutes bewirkt hatte. Gott hatte das Verbrechen dazu benutzt, Josephs Familie aus der schrecklichen Hungersnot zu retten (1. Mose 41-45).

Warum Gott Fehlschläge zuläßt

Haben Sie schon einmal jemanden sagen hören: „Würde Gott mich wirklich lieben, dann würde er das und das nicht zulassen"? Ich muß zugeben, daß es viele Momente gegeben hat, in denen ich mich gefragt habe, warum Gott mich scheitern ließ oder warum bestimmte Schwierigkeiten auftraten.

Zum Glück wirft 5. Mose 8,2 etwas Licht auf diese Frage:

„Gedenke auch des ganzen Weges, durch den der HERR, dein Gott, dich geleitet hat diese vierzig Jahre lang in der Wüste, daß er dich demütigte und versuchte, auf daß kundwürde, was in deinem Herzen ist, ob du seine Gebote halten würdest oder nicht."

Wenn wir an Gottes Führung denken, stellen wir uns darunter gewöhnlich einen Weg durch „grüne Auen" vor. Aber beachten Sie, daß Gott sein Volk hier in die Wüste führte, in eine heiße, trockene, unfruchtbare Einöde, wo es weder

Nahrung noch Wasser gab. Er hätte es auch durch ein Paradies führen können, mit Nahrung und Wasser im Überfluß. Aber er hat es nicht getan.

Natürlich dauerte es nicht lange, bis die Kinder Israels ihr wahres Gesicht zeigten. Kaum waren sie aus dem Schatten der Stadt, als sie sich schon beklagten, Mose hätte sie nur herausgeführt, damit sie umkämen. Als es ernst wurde, wollten sie sofort nach Ägypten zurückrennen und sich wieder dem Pharao unterwerfen; sie waren nicht gewillt, Gott die Beseitigung ihrer Schwierigkeiten zuzutrauen.

Sehen Sie sich den Vers noch einmal an. Warum hat Gott Israel in diese schwierige Lage gebracht? War es nicht deshalb, weil er es demütigen und auf die Probe stellen wollte, um zu sehen, „was in seinem Herzen war"? Gott wollte wissen, ob das Volk ihn immer noch lieben und seine Gebote halten würde, wenn es kritisch wurde.

Wenn Gott die Israeliten durch grüne, wasserreiche Täler geführt hätte, mit Lebensmitteln im Überfluß, hätten sie nicht auf Gott vertrauen müssen, daß er ihren Bedarf deckte. Sie hätten es auf eigene Faust geschafft.

Für Geschäftsleute gilt das gleiche. Solange alles wie geschmiert läuft – die Verkäufe gehen nach oben, die Kunden sind zufrieden, und wir haben keine Schwierigkeiten mit der Belegschaft –, ist es leicht, einen Betrieb zu führen, ohne auf Gottes Hilfe zu vertrauen. Aber wenn die Verkäufe stocken, Bestellungen storniert werden und weniger Geld hereinkommt (aber die Rechnungen weiter hereinströmen), dann findet Gott heraus, wie sehr wir *tatsächlich* an ihn und sein Wort glauben.

Satans Interesse an Ihrem Versagen

Wenn wir versagen, möchte Gott, daß wir ihm vertrauen, damit er uns aus unseren Schwierigkeiten retten kann. Er möchte dann, daß wir den Leuten sagen, daß er für unsere Rettung verantwortlich war. Aber Satan will, daß wir in der gleichen Situation bitter werden, hadern, uns ängstigen und uns wegen unserer Schwierigkeiten über Gott ärgern.

Kurz gesagt, Gott gebraucht unsere Fehlschläge, um uns aufzubauen, Satan, um uns unterzukriegen.

Sobald wir versagen, geht Satan in die Offensive. In erster Linie attackiert er unsere Einstellung. Er versucht, unseren Verstand mit allen möglichen negativen Gedanken zu vergiften. Erinnern Sie sich noch an Raymond Sutton? Als er den Fehlschlag kommen sah, wurde er feindselig gegen Gott, gegen die Leute, mit denen er arbeitete, gegen die Leute in der Bank, ja sogar gegen seine eigene Frau. Fast sein ganzes Gedankenmuster war negativ.

Das ist genau das, was Satan will! Wenn er uns gegen Gott aufbringen kann, werden wir ihm ganz sicher nicht die Lösung unserer Probleme zutrauen; wir werden uns dann auf *unsere* Fähigkeiten verlassen.

Wie man seine Einstellung schützt

Weil Satan versucht, unsere Einstellung von positiv nach negativ umzupolen, sobald Fehlschläge drohen, sollten wir uns die Frage stellen: Wie kann ich angesichts eines Fehlschlages meine positive Einstellung aufrechterhalten?

Der erste Schritt ist, daß wir uns Gott ergeben. Der Jakobusbrief sagt uns: „Unterstellt euch Gott im Gehorsam und widersetzt euch mit aller Entschiedenheit dem Teufel. Dann muß er vor euch fliehen" (4,7). Wir müssen die negative Situation Gott überantworten und uns bewußt machen, daß er dadurch bewirken kann, daß uns alles zum Besten dient (Römer 8,28).

Außerdem müssen wir Satans Versuch widerstehen, unsere Gedanken auf das Negative zu fixieren, damit wir Bitterkeit und Hader hegen.

Dann müssen wir anfangen, mitten in unserer schwierigen Lage Gott zu danken. Das bedeutet nicht, daß wir unbedingt *für* die Anfechtung dankbar sein müssen. Aber wir müssen Gott *während* ihrer Dauer danken, weil wir wissen, daß er uns am Tage der Not erretten will (Psalm 50,15) – kurz, unsere Haltung soll der Anweisung entsprechen, die Paulus den Thessalonichern gegeben hat:

„Seid zu jeder Zeit fröhlich! Hört niemals auf zu beten. Vergeßt auch nicht, Gott für alles zu danken. Denn das erwartet Gott von seinen Kindern" (1. Thessalonicher 5,16-18).

Schließlich müssen wir uns dazu durchringen, auf die positiven Seiten der Situation zu sehen statt auf die negativen. Ob Sie es zugeben wollen oder nicht: Wir *haben* die Macht über unsere Einstellung. Wir selbst sind es, die unseren Gedanken erlauben, eine positive oder eine negative Wendung zu nehmen.

Es mag stimmen, daß es manchmal unsere „normale Reaktion" ist, auf das Negative zu sehen. Als Christen sollten wir jedoch stets versuchen, auf dem Positiven zu verharren. Wie der Apostel rät:

„Schließlich, meine lieben Brüder, orientiert euch an dem, was wahrhaftig, gut und gerecht, was anständig, liebenswert und schön ist. Wo immer ihr etwas Gutes entdeckt, das Lob verdient, darüber denkt nach" (Philipper 4,8).

Die Wahl liegt ganz bei Ihnen. Sie können auf den negativen Dingen brüten, die Satan in Ihr Hirn zu pumpen versucht, Sie können ein Gefangener der Angst werden, Sie können zulassen, daß Ihr Potential für zukünftigen Erfolg abnimmt. Oder Sie können auf Gott und seine Verheißungen hören, daß er uns retten und unsere Fehlschläge in etwas Gutes verwandeln wird. Wenn wir auf Gott hören, ist es leichter, an die positiven Dinge zu denken, die in Philipper 4,8 aufgezählt sind.

Was mich betrifft, lerne ich aus Erfahrung, daß es weit besser ist, wenn ich mich auf Positives konzentriere, das aus meinen Fehlschlägen resultiert, sobald ich mich Gott ergebe. Ich weiß, ich werde in meinem Leben und in meinem Geschäft immer wieder Fehlschläge erleben. Aber ich bin auch froh zu wissen, daß solche Rückschläge nur Sprossen auf meiner Erfolgsleiter sind.

Zusammenfassung

Wir alle erleben Fehlschläge; aber gerade sie können zum Schlüssel zukünftigen Erfolgs werden. Gott verspricht, uns zu retten, wenn wir ihm in der Zeit unseres Scheiterns vertrauen. Alles, was er dafür haben will, ist, daß wir ihm dafür die Ehre geben (Psalm 50,15).

Nach Jakobus 1,2-4 kann eine Menge Gutes aus unseren Fehlschlägen resultieren; aus diesem Grund sollten wir positiv bleiben, wenn sie uns widerfahren. Fehlschläge, die wir Gott anvertrauen, werden uns helfen, unseren Charakter zu formen und zu reifen, und uns Vertrauen in Gottes Vermögen geben, unsere Probleme zu lösen.

Die Schrift sagt, daß jemand, der in einer Notlage auf Gott vertraut, sich keine Sorgen machen muß; Gott wird die Situation zu unserem Besten dienen lassen – sein Plan ist es, unsere Fehlschläge in Erfolg zu verwandeln.

Es ist jedoch Satans Ziel, uns von Gott abzubringen, wenn wir in Schwierigkeiten kommen, und uns in Bitterkeit und Hader zu verstricken. Er will, daß wir verzagen und den Mut verlieren. Die Folge davon ist, daß wir nicht in den Genuß dessen kommen, was Gott an Möglichkeiten und Segnungen für uns bereit hält.

Wenn uns Fehlschläge widerfahren, ist es wichtig, daß wir unsere Einstellung im Auge behalten. Wir müssen positiv bleiben und glauben, daß Gott uns retten und die Situation zum Guten wenden wird. Jakobus 4,7 sagt uns, daß wir uns Gott ergeben sollen. Wenn wir Satan widerstehen, wird er vor uns fliehen. Dies ist der erste Schritt, mit dem wir uns versichern, daß unsere Einstellung positiv bleibt. Als nächstes müssen wir Gott während der Prüfung danken (1. Thes-

salonicher 5,16-18). Schließlich müssen wir uns entscheiden, auf die positive Seite der negativen Situation zu sehen
(Philipper 4,8).

Persönliche Nutzanwendung

1. Forschen Sie nach der Ursache, wenn Sie gerade in
   Schwierigkeiten sind oder kürzlich welche durchge-
   macht haben.
2. Betrachten Sie noch einmal Psalm 50,15, Römer 8,28,
   Jakobus 1,2-4 und Philipper 4,8.
   ▷ Welche Verheißungen geben diese Passagen über das,
     was Gott für uns tun wird, wenn wir in Schwierigkei-
     ten kommen?
   ▷ Unter welchen Bedingungen kommen wir in den Ge-
     nuß dieser Verheißungen?
   ▷ Wie sind diese Bibelstellen auf Schwierigkeiten anzu-
     wenden?
   ▷ Was hindert uns oft an ihrer Anwendung?

9
Der Umgang
mit Berufsstreß

Auf einem Flug von Dallas nach Denver saß ich neben einer Industriepsychologin, die als Beraterin einiger der größten Elektronikfirmen der Vereinigten Staaten tätig ist. Ihr Spezialgebiet ist Streßbewältigung. Ich werde unsere Unterhaltung nie vergessen.

„Unter den Geschäftsleuten in den Vereinigten Staaten wird Streß zu einem der größten Probleme", sagte sie. „Und es wird eher noch schlimmer, bevor es besser werden kann." Ich fragte sie nach dem Grund.

„Der Druck auf die Geschäftsleute ist heute größer denn je", erwiderte sie, „die instabile Wirtschaft, der wachsende Wettbewerb ausländischer Hersteller und die schnelle Gangart der Gesellschaft – das alles hat zu einem enormen Aufbau des Streßpotentials geführt."

Immer mehr Unternehmen werden sich der Probleme im Zusammenhang mit Streß bewußt, und meine Nachbarin klagte, daß sie schon im vergangenen Jahr lange nicht mehr alle Aufträge hatte annehmen können.

Der wahre Ursprung von Streß und Angst

Während ich dieses Kapitel ausarbeitete, schaute ich bei unserer örtlichen Bibliothek vorbei, um zu sehen, was die „Experten" zu diesem Thema zu sagen hatten. Ich staunte nicht schlecht, als ich mehr als 100 Bücher über Streß vorfand. Fast alle, in denen ich nachsah, setzten sich mit den „Ursachen" von Angst und Streß auseinander: Überarbeitung, finanzielle Sorgen, Angst vor dem Unbekannten, Beziehungsmangel und diverse ungestillte Bedürfnisse.

Nachdem ich meine Nachforschungen über die weltlichen Ansichten bezüglich Streß abgeschlossen hatte, sah ich in der Bibel nach, was sie zur Sache zu sagen hat. Ich muß zugeben, daß ich überrascht war von der großen Zahl von Bibelstellen über Angst und Streß. Die Schrift erörtert in allen Einzelheiten Ursache und Wirkung von Streß – und nennt eine schrittweise Abhilfemethode.

Um die wahre Ursache von Angst und Streß zu begreifen, müssen wir zuerst zwei Abschnitte betrachten – einen im 2. Buch Mose und einen im Hebräerbrief:

2. Mose 17,1 verzeichnet, wie das Volk Israel unter Mose Führung die Wüste Sin verließ und nach Raphidim kam. Aber sie konnten dort kein Wasser finden. Aus diesem Grund wurden die Israeliten ausgesprochen böse auf Gott und Mose – den sie beschuldigten, er hätte das ganze Volk Israel nur deshalb in die Wüste hinausgeführt, um es verdursten zu lassen (17,2-3). Ja, sie gingen sogar so weit, zu fragen: „Ist der HERR mitten unter uns oder nicht?" (17,7).

„Ist der HERR mitten unter uns oder nicht?" Diese Menschen bezweifelten Gottes Vermögen, ihre Bedürfnisse zu befriedigen. Als die Israeliten in Schwierigkeiten gerieten, waren sie unfähig, damit umzugehen. Sie weigerten sich, Gott zu glauben und ihm zu vertrauen.

Folglich erfaßte sie Furcht, und sie bekamen es mit der Angst zu tun. Aber bald darauf besorgte Gott auf übernatürliche Weise Wasser für alle. Er bewies ihnen dadurch, daß sie sich keine Sorgen machen mußten, wenn sie in Schwierigkeiten gerieten, die sie nicht meistern konnten. Wenn sie ihm „am Tage der Not" vertrauten, würde er immer für sie sorgen. Die Quelle ihrer Angst und ihres Zweifels würde ausgetrocknet werden.

In Hebräer 3-4 kommt Gott auf diese Erfahrung zurück. Er weist darauf hin, daß diese Generation von Israeliten nie in „die Ruhe" des Gelobten Landes eingehen durfte. Warum? Weil sie am Tage ihrer Not ihren Glauben nicht auf ihn setzen wollten.

Im Verlauf dieses Textes gibt uns Gott eine Warnung. Er sagt uns, daß wir nicht wie die Israeliten sein sollen, die ihm am Tag ihrer Not nicht vertrauten. Denn wenn wir uns wie sie verhalten, werden auch wir Frieden und Ruhe missen müssen (Hebräer 3,15-19; 4,3-7).

Was ist der tiefere Sinn dieser beiden Abschnitte? Einfach der: *Die wahre Ursache von Angst und Streß ist das Versäumnis, Gott am Tag der Not zu vertrauen.*

Die Welt macht Überarbeitung, finanzielle Sorgen und Angst vor dem Unbekannten als die Wurzel von Streß aus. Tatsächlich aber sind solche Dinge die *Folgen* davon, daß wir Gott nicht zutrauen, unsere Bedürfnisse zu befriedigen – die *Ursachen* von Angst und Streß sind sie nicht.

Was passiert, wenn wir Gott nicht die Befriedigung unserer Bedürfnisse zutrauen?

Wie schon oben erwähnt, haben die weltlichen „Fachleute" für Streßbewältigung versehentlich die Wirkung von Streß für seine Ursache gehalten. Gottes Wort sagt uns, daß Angst und Streß eine Folge davon sind, daß wir Gott nicht in jeder Lage die Befriedigung unserer Bedürfnisse zutrauen.

Wenn wir also zu dem Schluß gekommen sind, daß Gott unsere Bedürfnisse nicht befriedigt, meinen wir, wir müßten unsere Schwierigkeiten selbst in die Hand nehmen. Die kraftvoll klingende Weltweisheit *„Hilf dir selbst, so hilft dir Gott"* ist dem Rationalismus und der „New-Age"-Philosophie direkt aus dem Herzen gesprochen.

Sie besagt, daß ich ein Problem lösen muß, wenn eines ansteht. Wenn eine Notlage behoben werden muß, muß *ich* sie beheben. Sie besagt, daß alle Lösungen das Resultat *meiner* Fähigkeiten sind. Und genau nach diesem Prinzip verfahren heute die meisten Geschäftsleute in der Wirtschaft.

Habe ich mir einmal diese Philosophie zu eigen gemacht, und fange ich damit an, daß Problemlösungen immer irgendwie aus mir selbst kommen müssen, ist mein nächster Schritt, *härter* und *geschickter* zu arbeiten. Da mein Schicksal „allein von mir abhängt", muß ich am Tag zehn Stunden statt acht im Büro verbringen und sechs Tage in der Woche statt fünf. Wenn aber das mein Problem nicht löst, ist meine nächste Reaktion Angst zu versagen.

Meine Ängste erzeugen in der Folge Spannungen, Sorgen und weitere Ängste. Das alles staut sich in mir und führt zu Streß.

Wenn mich die weltlichen Fachleute in diesem verängstigten Zustand beobachten, schließen sie messerscharf, mein Streß sei eine Folge von Überarbeitung. In Wahrheit ist mein Problem jedoch ein geistliches. Ich habe darin gefehlt, Gott die Sorge um meine Bedürfnisse anzuvertrauen. Ich war davon ausgegangen, der einzige, der meine Bedürfnisse befriedigen kann, sei ich. Und genau da hat die oben aufgezeigte Kettenreaktion angefangen; meine Furcht hat Angst erzeugt und diese wiederum Streß. Aber alles hat damit angefangen, daß ich versäumt habe, Gott zu vertrauen! Mein Streß war ein *Symptom* des geistlichen Problems, daß ich Gott nicht vertraut habe.

Der Psalmist bemerkt: „Es ist umsonst, daß ihr früh aufsteht und euch spät niederlegt und sauer erworbenes Brot esset; sicherlich gönnt er seinen Geliebten den Schlaf!" (Psalm 127,2). Gott möchte, daß „seine Geliebten" – jene, die ihm vertrauen – in den Genuß von Ruhe und Schlaf kommen. Auf der anderen Seite läßt er uns wissen, daß solche, die früh aufstehen und spät zu Bett gehen, weil sie versuchen, ihre Schwierigkeiten selbst zu beheben, Angst und Streß ernten werden. Und wenn der Herr sagt, „es ist umsonst", daß wir uns abrackern, betont er, daß wir sehr wenig mit allen unseren Anstrengungen erreichen werden. Wir würden eine ganze Menge mehr in sehr viel weniger Zeit erreichen, wenn wir statt auf uns selbst auf Gott vertrauen würden.

Die physische Auswirkung von Streß

Dr. Lester Henderson, ein praktischer Arzt, hat mir einmal gesagt: „Streß und seine Nebenwirkungen halten meine Praxis am Laufen." Mindestens 75 Prozent seiner Patienten leiden an Streß und seinen körperlichen Folgen. In den meisten Fällen konnten Herzanfälle, Bluthochdruck, Schlaganfälle und Magengeschwüre direkt auf Angst und Streß zurückgeführt werden.

Dr. Henderson ist davon überzeugt, daß Streß und Sorgen oft auch die Wurzel von Übergewicht sind. „Wenn wir Streß und Sorgen von Menschen fernhalten könnten, würden sich viele Gewichtsprobleme von selbst erledigen." Durch Streß hervorgerufene Nervosität bringt die Leute oft dazu, übermäßig zu essen.

In diesem Zusammenhang sollten wir vielleicht noch einmal über Jesu Aussage in Johannes 10,10 nachdenken: „Der Dieb kommt, um zu stehlen, zu schlachten und zu vernichten. Ich aber bringe allen, die zu mir gehören, das Leben – und dies im Überfluß."

Satans Ziel ist Mord und Vernichtung. Eine der Arten, auf die er dieses Ziel buchstäblich erreicht, ist es, die Leute soweit zu bringen, daß sie ihm seine verführerische Philosophie „Hilf dir selbst, so hilft dir Gott" abkaufen. Sein Ziel ist, uns zu überreden, in den Tagen der Not lieber auf uns selbst zu vertrauen als auf Gott. Wenn wir das tun, nähren wir in uns Sorgen, Angst und Streß, die wiederum zu allen möglichen physischen Problemen und Krankheiten führen können – ja, sogar zum Tod.

Aber bedenken Sie auch, daß Christus gesagt hat, daß er gekommen ist, „Leben im Überfluß" zu bringen. Er möchte, daß wir unser Vertrauen auf ihn setzen – nicht nur bezüglich des ewigen Lebens, sondern auch bezüglich unserer Nöte im Geschäftsleben. Wenn wir das tun, werden wir die Ruhe, die Freude und den Frieden erfahren, die mit dem *wahren* Erfolg einhergehen.

Wie der Apostel Paulus sagt: „Ich vermag alles durch

den, der mich stark macht" (Philipper 4,13). Das Wissen um diese Tatsache bewahrte Paulus davor, in schwierigen Situationen von Streß überwältigt zu werden.

Warum versuchen wir, unsere Probleme selbst zu lösen?

Dr. Lester Henderson hat mir auch von einer Beobachtung erzählt, daß Geschäftsleute eher Probleme mit Streß haben als andere. Das ist nicht unbedingt darauf zurückzuführen, daß ihre Arbeit mit mehr Problemen und Druck zu tun hat als die anderer. Der Grund ist, daß Geschäftsleute – und besonders Firmeninhaber – eher *unabhängig* sein wollen als andere.

In unserer Gesellschaft haben wir den *Selfmademan* zum Helden erkoren. Demjenigen, der es durch seine eigenen Fähigkeiten und seine eigene Willenskraft bis an die Spitze der Leiter schafft, gilt die uneingeschränkte Bewunderung der meisten Menschen. Und der Selfmademan muß natürlich unabhängig sein; er muß Risiken tragen und die Verantwortung für Fehlschläge und Erfolge übernehmen.

Aber in Jeremia 17,5 lesen wir: „So spricht der Herr: Verflucht ist der Mann, der auf Menschen vertraut und Fleisch für seinen Arm hält und dessen Herz vom HERRN weicht!" Dieser Vers macht deutlich, daß Gott an einem Selfmademan keine Tugend sieht. Der Herr sagt vielmehr, daß der Mann, der an seinen geschäftlichen Scharfsinn glaubt, verflucht ist.

Zugegeben, wenn jemand im Geschäft Erfolg haben will, muß er gerissen und aggressiv sein. Gerade diese Charakterzüge verkehren sich jedoch zu ernsten Schwächen, wenn es darum geht, sich vor Gott zu demütigen. Sie sind ein Hindernis, wenn wir Gott bezüglich unserer geschäftlichen Zukunft vertrauen wollen. Glauben Sie mir, als Geschäftsmann spreche ich aus Erfahrung.

Oft ertappe ich mich bei dem Gedanken: „Gott, sage mir einfach, was du getan haben willst. Und dann geh mir aus dem Weg, ich werde das schon allein hinkriegen." Aber Gott sagt: „Nein, Myron. Ich werde dir sagen, was ich getan haben will. Aber ich erwarte, daß du *mir* vertraust, daß *ich* es durch dich tun werde."

Durch den Propheten Jesaja sagt der Herr: „Ich will aber den ansehen, der gebeugten und niedergeschlagenen Geistes ist und der zittert ob meinem Wort" (66,2). Die Geschäftswelt aber sagt: „Ich will den ansehen, der ungebeugten und ungebrochenen Geistes ist und sich um niemand schert."

Als Geschäftsleute müssen wir lernen, daß wir mit Gott nicht so umgehen können, wie es auf dem Markt üblich ist. Gott läßt sich nicht beeindrucken durch unsere Unabhängigkeit, unsere Willenskraft oder unser Draufgängertum. Er bevorzugt Menschen, die ihm erlauben, daß er der Herr ihres Lebens ist. Und damit er unser Herr sein kann, müssen wir seine Diener sein.

Ich mag alle Segnungen, die damit zusammenhängen, daß Christus mein Herr ist. Aber ich muß zugeben, daß ich nicht allzu begeistert bin über alles, was mit der Rolle des Dieners verbunden ist. Ein Diener muß seinem Herrn und Meister immer ergeben sein. Tatsächlich müssen Sie und ich als christliche Geschäftsleute erst noch *lernen*, Gottes Diener zu werden, wenn wir ihn zum Herrn unseres Geschäfts machen wollen. Und dazu müssen wir erst einmal Demut lernen.

Um Demut zu lernen, muß ich erst einmal anerkennen, daß ich Gott unbedingt brauche. Ich kann ein Geschäft nicht allein bewerkstelligen. Ich habe nicht alle Antworten zur Verfügung. Ich scheitere immer wieder. Und ich werde ohne seine ständige Hilfe niemals das erreichen, was er für mein Leben haben will.

Ich muß bekennen, daß ich wie die meisten Geschäftsleute, die ich kenne, immer noch Schwierigkeiten bei der Unterordnung habe, obwohl mir ja diese Wahrheiten alle vertraut sind. Aus genau diesem Grund haben viele von uns Schwierigkeiten mit Streß und Angst. Wir versuchen immer noch erfolglos, für uns etwas zu tun, was wir nicht tun müssen, denn Gott hat uns längst die Zusage gegeben, daß er es für uns tun wird – Psalm 50,15: „Rufe mich an am Tage der Not, so will ich dich erretten, und du sollst mich ehren."

Liebe Freunde! Lassen Sie uns doch damit aufhören, uns zum Narren zu machen. Lassen Sie uns doch endlich dahin kommen, daß wir uns vor Gott demütigen und ihm vertrauen. Er will uns helfen; alles, was wir tun müssen, ist doch nur, ihm die Ehre zu geben. Ist das nicht ein faires Angebot? Bitten uns schließlich nicht alle möglichen Geschäftsleute auch darum, es weiterzusagen, wenn wir ihre Produkte schätzen?

Außerdem hilft mir Gott nicht nur aus meinem Dilemma, wenn ich ihm die Lösung meiner Probleme anvertraue – ich bin auch sämtlicher Sorgen darüber enthoben! Das ist der Schlüssel zum Tor aus dem Gefängnis des Stresses! Eine Gratiszugabe dafür, daß ich Gott für mich arbeiten lasse. Ein günstigeres Geschäft wird Ihnen nirgendwo sonst geboten!

Wie man mit Streß fertig wird

Wie wir im Verlauf dieses Kapitels gesehen haben, ist es eine Folge davon, daß Sie eine Situation nicht Gott unterstellt haben, sich vor ihm nicht gedemütigt und ihm nicht zugestanden haben, seinen Willen zu tun, wenn Sie in bestimmten Situationen Streß und Angst erleben.

Die Methode, Streß los zu werden, ist deshalb, Jesus Christus in jeder Situation zum Herrn unseres Lebens zu machen. Und machen Sie ihn nicht nur einmal in Ihrem Leben zum Herrn und gehen dann mit der Vorstellung Ihren Geschäften nach, daß er automatisch alles sanktioniert, was Sie vorhaben. Machen Sie Jesus zum Herrn, indem Sie ihn Herr *sein* lassen. Das bedeutet, Sie geben ihm die Macht über jede Phase Ihres geschäftlichen Handelns. Dies kann durch folgende Schritte erreicht werden:

▷ *Prüfen Sie sich und das jeweilige Problem; bekennen Sie jede noch nicht bekannte Sünde in Ihrem Leben.* Beten Sie dazu wie David: „Erforsche mich, o Gott, und erkenne mein Herz; prüfe mich und erkenne, wie ich es meine; und siehe, ob ich auf bösem Wege bin, und leite mich auf ewigem Wege!" (Psalm 139,23-24).
Wir müssen wie David Gott bitten, unser Leben und unsere Motive zu durchleuchten. Wenn er uns dann auf unsere Sünden hinweist, müssen wir sie ihm bekennen und um seine Vergebung bitten (1. Johannes 1,9).

▷ *Als nächstes müssen Sie sich Gott unterwerfen und ihn bitten, daß sein Wille vor Ihrem Willen Vorrang haben soll.* Im Lukasevangelium sagt uns Jesus: „Wer mir folgen will, darf nicht mehr an sich selber denken; er muß sein Kreuz willig auf sich nehmen und mir nachfolgen" (9,23). Jesus erwartet von uns, daß wir unsere eigenen Pläne und Erwartungen zurückstellen und ihm in jeder Lage den absoluten Vortritt lassen!

▷ *Bitten Sie Gott um Leitung bei Ihren Entscheidungen und Plänen.* Gott möchte unmittelbar an Ihrem Planen und an Ihren Entscheidungen teilhaben. „Ich will dich unterweisen und dir den Weg zeigen, den du wandeln sollst; ich will dich beraten, mein Auge auf dich richtend" (Psalm 32,8). Wenn wir Gott um Leitung bitten, müssen wir auch gewillt sein, sie anzunehmen.

▷ *Bewahren Sie Frieden mit Gott, was immer er Sie tun lassen will.* Wenn wir wirklich entschlossen sind, Gott zu dienen und seinen Willen zu tun, dann wollen wir ihm auch gefallen. Das heißt, wir werden uns befleißigen, ihm zu gehorchen. Wir werden uns seinem Willen nicht widersetzen und uns nicht darüber beklagen, daß wir seinem Wort gehorchen müssen. Die Schrift sagt es so: „Befreunde dich doch mit ihm und mache Frieden! Dadurch wird Gutes über dich kommen" (Hiob 22,21).

▷ *Danken Sie Gott für das, was er schon getan hat und was er in Zukunft tun wird.* In seinem ersten Brief an die Gemeinde von Thessalonich sagt Paulus: „Vergeßt auch nicht, Gott für alles zu danken! Denn das erwartet Gott von seinen Kindern" (5,18). Es ist Gottes Wille, daß wir in jeder Situation dankbar sind. Aber wir können nicht dankbar sein und uns zugleich Sorgen machen. Daher will Gott nicht nur, daß wir dankbar sind, sondern er verlangt von uns auch, daß wir mit uns und ihm im Frieden sind.

▷ *Und beten Sie schließlich über jeder Situation, und vertrauen Sie Gott die fünf oben erwähnten Schritte an, während Sie mit ihm reden.* In Philipper 4,6-7 wird uns gesagt: „Macht euch keine Sorgen! Ihr dürft Gott um alles bitten. Sagt ihm, was euch fehlt, und dankt ihm! Gott wird euch seinen Frieden schenken, den Frieden, der all unser Verstehen, all unsere Vernunft übersteigt, der unsere Herzen und Gedanken im Glauben an Jesus Christus bewahrt."

Welch großartiger Text! Diese Verse geben uns den Schlüssel zu einem Leben frei von Angst, Sorgen und Streß. Statt darüber nachgrübeln, wie wir unsere Probleme lösen sollen, sagt dieser Abschnitt, daß wir sie zu Gott bringen und ihm all unsere Nöte nennen dürfen. Wenn wir das tun, sollen wir ihm im voraus für die Erhörung danken.

Wenn wir diesen Richtlinien folgen, wird Gott uns Herz und Verstand mit dem Frieden und der Sicherheit darüber füllen, daß er alles im Griff hat. Seine Erhörung ist – nach seinem Plan und seinem Timing – schon auf dem Weg.

Ich spreche aus Erfahrung: Jedesmal wenn ich diese Grundsätze anwende, nimmt Gott nicht nur meinen Streß weg und gibt mir Frieden – seine Lösungen sind immer weit besser als alles, was ich selbst zuwege gebracht hätte!

Zusammenfassung

Bei Geschäftsleuten ist Streß zu einem Hauptproblem geworden. Er wirkt sich nicht nur bei uns persönlich aus, sondern beeinflußt auch die Leistung unseres Unternehmens.

Außerdem – und das ist am gravierendsten – stört er unsere Beziehung zu Gott.

Streß entsteht, wenn wir versuchen, unsere Probleme selbst zu lösen – und dann erleben, daß wir nicht mehr weiter wissen. Das bringt Frustration, Sorgen und Ängste mit sich. Wir arbeiten härter und länger, um unsere Schwierigkeiten zu überwinden; aber statt dessen sollten wir sie Gott überantworten und ihm ihre Beseitigung zutrauen. Streß ist also nicht die Folge von Überarbeitung, von finanziellen oder sonstigen Schwierigkeiten – Streß ist ein geistliches Problem.

Streß verursacht zahlreiche physische Krankheitsbilder – Herzkrankheiten, Bluthochdruck, Schlaganfälle und Übergewicht. Er macht uns müde, unsicher und nervös.

Christliche Geschäftsleute finden es manchmal schwierig, Gott die Lösung ihrer Probleme anzuvertrauen; sie sind als unabhängige, willensstarke Individualisten daran gewöhnt, für sich selber zu sorgen. Gerade deswegen haben Geschäftsleute besonders häufig Probleme mit Streß. Sie glauben an die Maxime: „Hilf dir selbst, so hilft dir Gott." Aber eine solche Philosophie führt zu Streß und Angst.

Um mit Streß fertig zu werden, müssen wir bereitwillig bekennen, daß unsere ichbezogene, unabhängige Natur sündhaft ist. Wir müssen uns Gott unterwerfen und ihn bitten, daß sein Wille in unserem Leben geschehen soll. Dann müssen wir Gott bitten, uns in all unseren Entscheidungen und Plänen zu leiten. Wir müssen gewillt sein, das zu tun, was er sagt, und nicht das, was wir gern möchten. Wir müssen ihm auch dafür danken, daß er gewillt ist, unsere Probleme zu lösen und unsere Bedürfnisse zu befriedigen.

Die Schlüsselpassage im Umgang mit Streß ist Philipper 4,6-7:

„Macht euch keine Sorgen! Ihr dürft Gott um alles bitten. Sagt ihm, was euch fehlt, und dankt ihm! Gott wird euch seinen Frieden schenken, den Frieden, der all unser Verstehen, all unsere Vernunft übersteigt, der unsere Herzen und Gedanken im Glauben an Jesus bewahrt."

Persönliche Nutzanwendung

1. Haben Sie den Eindruck, daß Sie sich wegen Situationen in Ihrem Geschäft oder auf anderen Gebieten Ihres Lebens sorgen und ängstigen? Was versuchen Sie von sich aus dagegen zu tun? Lesen Sie Psalm 50,15, und überantworten Sie die Sache Gott.
2. Lesen Sie den Abschnitt „Wie man mit Streß fertig wird" noch einmal. Folgen Sie den sechs dort aufgezeigten Schritten, wenn Sie sich wegen irgendwelcher Probleme sorgen.

10
Wie Sie „Ausbrennen" vermeiden

Ausgebrannt – bei diesem Wort sehe ich sofort das plastische Bild eines einst wunderschönen Hauses, von dem nur ein rußgeschwärztes, zerbröckelndes Skelett übriggeblieben ist. Und noch etwas sehe ich vor mir: das Bild von Geschäftsleuten, die ich kannte, und die das Fiasko seelischen Ausbrennens erfahren haben.

Emotionales Ausbrennen – Burnout – kann einen optimistischen, dynamischen, produktiven Menschen vollkommen zerrütten, demoralisieren und seiner Motivation berauben, die ihn einst zum Erfolg geführt hat. Burnout ist so etwas wie beruflich bedingter Streß, der oft durch beständige Wechselwirkung zwischen den Betroffenen und ihren Problemen verursacht wird. Ein Charakteristikum von Burnout ist emotionale Erschöpfung.

Dieses Phänomen kommt vor allem bei Menschen mit Berufen vor, für die der Kontakt mit vielen Menschen typisch ist, oder bei besonders Erfolgsorientierten – etwa bei Führungskräften, Handelsvertretern und anderen Geschäftsleuten.

Zwei Burnout-Fallstudien

Die Bibel gibt uns einige klassische Fallstudien über Burnout und seine Entstehung. Einige der größten Führer des Alten Testaments haben das Ausbrennen erfahren, darunter Mose und Jeremia. Beide waren Säulen geistlicher Führerschaft zu ihrer Zeit. Jeder von beiden hat Großes für Gott erreicht. Und beide hatten eins gemeinsam: Sie arbeiteten eng mit Menschen zusammen – vielleicht zu eng.

Mose

Mose ist eine der bekanntesten Gestalten der Bibel. Ihm rechnet man im allgemeinen die Urheberschaft der ersten fünf Bücher des Alten Testaments zu, und er war mit der wichtigen Aufgabe betraut, die Kinder Israel aus Ägypten ins Gelobte Land zu führen.

Aber trotz seiner Erfolge liefert uns dieser große geistliche und politische Führer eins der eindrucksvollsten Beispiele von Burnout.

Lassen Sie uns in diese Fallstudie über Mose in 2. Mose 18 eintreten. Jethro, Moses Schwiegervater, kam zu Besuch. Er beobachtete, wie Mose unaufhörlich mit Menschen zu tun hatte und versuchte, ihre Probleme zu lösen und ihre Fragen zu beantworten. Über diese Praxis machte sich Jethro Gedanken:

„Am anderen Morgen setzte sich Mose, das Volk zu richten; und das Volk stand um Mose her bis an den Abend. Als aber Moses Schwiegervater alles sah, was er mit dem Volke tat, sprach er: ‚Was machst du dir da für Umstände mit dem Volk? Warum sitzest du allein, und alles Volk steht um dich her von Morgen bis zum Abend?' Mose antwortete seinem Schwiegervater: ‚Das Volk kommt zu mir, Gott um Rat zu fragen. Denn wenn sie eine Sache haben, kommen sie zu mir, daß ich entscheide, wer von beiden recht hat, und damit ich ihnen Gottes Ordnung und seine Gesetze kundtue'" (2. Mose 18,13-16).

Jethros Frage zeugt von Einfühlsamkeit. Ihm wurde klar, daß beständiger Umgang mit diesen Menschen sich auf Mose einmal negativ auswirken könnte. Schließlich hörte Mose sich nicht nur die Beschwerden und Meinungen des Volkes an, sondern er hatte es auch noch zu führen. Dabei

144

versuchte er, das Problem jedes einzelnen nach besten Kräften zu lösen. Und wie wir bald sehen werden, brachte diese Praxis Mose schließlich doch in ernste Schwierigkeiten.

Lassen Sie uns zu 2. Mose 32 weitergehen. In diesem Kapitel sehen wir, wie Mose auf dem Berg Sinai Gott begegnet. Aber zur gleichen Zeit machte sich das Volk Israel – angeführt von Aaron, Moses Bruder – ein goldenes Kalb und betete es an.

Als Gott sah, was das Volk tat, wurde er sehr zornig. Er sagte zu Mose:

„Ich habe dieses Volk beobachtet, und siehe, es ist ein halsstarriges Volk. So laß micht nun, daß mein Zorn über sie ergrimme und ich sie verzehre, so will ich dich zu einem großen Volk machen" (2. Mose 32,9-10).

Aber Mose bat Gott, seine Entscheidung noch einmal zu überdenken, und der Herr verschonte das Volk. An diesem Punkt seines Lebens war Mose gewillt, zum Volk zu stehen und es zu ertragen, selbst wenn es Gott vergaß und ein goldenes Kalb anbetete.

Die Zeit verging, und Mose arbeitete weiter exzessiv mit den Menschen. Er führte den Ablauf ihrer Gottesdienste ein. Er überwachte den Bau der Bundeslade und der Stiftshütte und ihre Ausstattung. Er legte religiöse Rituale für die Opfer fest, die das Volk darbringen mußte. Er erließ Gesundheitsvorschriften sowie einen umfangreichen Gesetzeskodex über Bürgerliches, Straf-, Handels-, Prozeß- und Sozialrecht. Dann übernahm er die Riesenaufgabe einer Volkszählung nach Stämmen.

Eines Tages fing das Volk an, sich bei Mose über den Mangel an Fleisch zu beklagen. Sie hatten genug vom Manna, mit dem Gott sie versorgte. Mose wurde sehr wütend, hob die Hände und war bereit, alles hinzuwerfen:

„Und Mose sprach zum HERRN: ‚Warum tust du so übel an deinem Knecht? Und warum finde ich nicht Gnade vor deinen Augen, daß du die Last dieses ganzen Volkes auf mich legst? Habe ich denn dieses ganze Volk empfangen oder geboren, daß du zu mir sagst: Trag es an deinem Busen, wie der Wärter einen Säugling trägt, in das Land, das du ihren Vätern geschworen hast? Woher soll ich Fleisch nehmen, um es diesem ganzen Volk zu geben? Ich kann dieses Volk nicht allein tragen; denn es ist mir zu schwer. Und so du also mit mir tun willst, so töte mich lieber, habe ich anders Gnade vor deinen Augen gefunden, daß ich mein Unglück nicht mehr ansehen muß!"' (4. Mose 11, 11-15).

Dies hörte sich an wie die Worte eines Ausgebrannten. Mose hatte einfach zuviel Zeit mit dem Versuch verbracht, zu vielen Leuten zu gefallen. Nun schrien sein Körper und sein Verstand: „Genug!"

Jeremia

Wie Mose hatte Jeremia einen Beruf mit „intensivem Publikumskontakt". Gott hatte Jeremia zu einem Propheten „für die Völker" berufen (Jeremia 1,5). So hatte er ständig mit Menschen zu tun; er versuchte sie dahin zu bringen, auf Gott zu hören, von ihren Sünden abzulassen und seinem Wort zu gehorchen.

Aber auch dieser Prophet hatte Schwierigkeiten mit den Leuten, für die er verantwortlich war. Es ist der Mühe wert, eine von Jeremias Klagen in voller Länge zu zitieren:

„Herr, du hast mich betört und ich habe mich betören lassen. Du hast mich ergriffen und überwältigt. Ich bin zum Gelächter geworden den ganzen Tag, jeder spottet über mich. Denn sooft ich rede, muß ich schreien, ‚Gewalttat' und ‚Zerstörung' rufen; denn das Wort des HERRN ist mir zur Verhöhnung und zur Verspottung geworden den ganzen Tag. Und sage ich: Ich will nicht mehr an ihn denken und nicht mehr in seinem Namen reden, so ist es in meinem Herzen wie brennendes Feuer, eingeschlossen in meinen

Gebeinen. Und ich habe mich vergeblich abgemüht, es weiter auszuhalten, ich kann nicht mehr! Denn ich habe das Gerede von vielen gehört: Schrecken ringsum! Zeigt ihn an! Wir wollen ihn anzeigen! Alle meine Freunde lauern auf meinen Fall: Vielleicht läßt er sich verleiten, so daß wir ihn überwältigen und unsere Rache an ihm nehmen können. Aber der HERR ist mit mir wie ein gewaltiger Held, darum werden meine Verfolger hinstürzen und mich nicht überwältigen. Sie werden völlig zuschanden werden, weil sie nicht verständig gehandelt haben: eine ewige Schande, die nicht vergessen wird. Und du, HERR der Heerscharen, der du den Gerechten prüfst, Nieren und Herz siehst, laß mich deine Rache an ihnen sehen! Denn dir habe ich meine Rachesache anvertraut. Singt dem HERRN, lobt den HERRN! Denn er hat die Seele des Armen errettet aus der Hand der Übeltäter. Verflucht sei der Tag, an dem ich geboren wurde; der Tag, an dem meine Mutter mich gebar, sei nicht gesegnet! Verflucht sei der Mann, der meinem Vater die frohe Botschaft brachte und sagte: ‚Ein Sohn ist dir geboren', und der ihn damit hoch erfreute! Dieser Mann werde den Städten gleich, die der HERR umgekehrt hat, ohne es zu bereuen! Und er höre Geschrei am Morgen und Kriegsgeschrei zur Mittagszeit, weil er mich im Mutterleib nicht schon getötet hat, so daß meine Mutter mir zu meinem Grab geworden und ihr Leib ewig schwanger geblieben wäre! Wozu nur bin ich aus dem Mutterleib hervorgekommen? Um Mühsal und Kummer zu sehen? Und daß meine Tage in Schande vergehen?" (Jeremia 20,7-18; Elberfelder).

Wir haben soeben einen Blick auf zwei der größten Führer des Alten Testaments geworfen. Sie waren geistliche Giganten. Sie gingen mit Gott. Sie hatten sich verpflichtet, seinen Plan in ihrem Leben auszuführen. Trotzdem erfuhren beide schweres emotionales Ausbrennen. Vielleicht fragen Sie sich: „Wie konnte das geschehen?" Im Rest dieses Kapitels werden wir nach einer Antwort darauf suchen. Außerdem werden wir versuchen, die Symptome des Ausbrennens zu ermitteln und Methoden zur Heilung – und Vorbeugung – vorschlagen.

Ursachen von Burnout

Burnout kommt, wie schon oben erwähnt, vor allem bei besonders hoch Ambitionierten und bei Menschen in helfenden Berufen vor. Geschäftsleute sind im allgemeinen besonders ehrgeizig, und Christen liegt es normalerweise am Herzen, anderen zu helfen. Diese Kombination prädestiniert christliche Geschäftsleute geradezu für das Ausbrennen.

Wenn wir das Phänomen Ausbrennen untersuchen, müssen wir uns darüber klar werden, daß wir es mit den Emotionen von Menschen zu tun haben. Da sich keine zwei Menschen gleich sind, reagieren wir alle unterschiedlich auf Streß. Folglich wäre es ein Fehler, wenn wir versuchen wollten, die Ursache des Ausbrennens auf *einen einzigen* Faktor zurückzuführen. Den meisten Fällen von Burnout sind jedoch bestimmte Muster gemeinsam.

Es würde den Rahmen dieses Kapitels sprengen, alle diese Muster zu diskutieren. Wir wollen uns daher auf einige der wichtigsten beschränken. Und untersuchen, wie sie in unseren beiden Fallstudien über Mose und Jeremia zum Ausbrennen geführt haben.

▷ *Wir versuchen, alles selbst zu machen.* Wir haben behauptet, daß das Ausbrennen vor allem hoch ambitionierten Menschen widerfährt. Hoch ambitionierte Menschen sind häufig unabhängige Einzelgänger. Sie erledigen gewöhnlich lieber eine Aufgabe selbst, als sich die Zeit zu nehmen, jemanden um Hilfe zu bitten. So war es auch bei Mose. Wie das 2. Buch Mose berichtet, erlebte Jethro bei seinem Besuch, wie Mose von morgens bis abends Gericht hielt. Er hatte sich mit der Zeit immer mehr aufgehalst und versäumt, einen Teil seiner Aufgaben an andere zu delegieren. Das wurde ihm zuviel, und es führte am Ende zum Ausbrennen.

Wenn Sie als Geschäftsmann oder Geschäftsfrau versuchen, alle Ihre Angelegenheiten selbst zu regeln, sind Sie, genau wie Mose, auf dem Weg zum Ausbrennen.

▷ *Das Erreichte entspricht nicht unseren Erwartungen.* Wenn wir versuchen, alles selbst zu machen, verlieren wir uns allzu oft in Details. Daher wird der Umgang mit Menschen frustrierend; es kommt schließlich dahin, daß ihre Probleme für uns nur noch weitere Erschwernisse auf unserem Weg sind.

Weil ambitionierte Menschen besonders zielorientiert sind, werden sie leicht frustriert und unglücklich, sobald Menschen und Situationen sie vom Erreichen ihrer Ziele abhalten. Zuerst richtet sich unsere Frustration auf die Menschen, die wir als Hindernisse beim Verfolgen unserer Ziele empfinden. Später übertragen wir diese Frustration auf unsere Arbeit. Und am Ende auf uns selbst.

▷ *Mücken werden zu Elefanten.* Unsere Frustration und Unzufriedenheit mit Menschen, mit unserer Arbeit, mit uns selbst bringt uns oft dazu, daß wir den Sinn für Proportionen verlieren. Am Ende verlieren wir den Bezug zur Wirklichkeit.

Weiter oben haben wir den Bibeltext betrachtet, wo Mose dem Volk bereitwillig die Anbetung des goldenen Kalbes verziehen hat. Aber als das Volk später um Fleisch bat, grenzte Moses Reaktion ans Irreale. Er sagte zu Gott: „Ich allein kann dieses Volk nicht tragen, denn es ist mir zu schwer. Und wenn du so mit mir tust, dann bringe mich doch um, wenn ich in deinen Augen Gunst gefunden habe, damit ich mein Unglück nicht mehr ansehen muß!" (4. Mose, 11,14-15; Elberfelder).

An diesem Punkt war Mose, was seine Aufgabe als Führer Israels anbetrifft, völlig ausgebrannt. Er wollte mit diesen Leuten, dieser Aufgabe, ja sogar mit seinem eigenen Leben nichts mehr zu tun haben. Dies war derselbe Mann, der seinen Stab ausgestreckt hatte, und das Rote Meer hatte sich geteilt, der einen Felsen geschlagen hatte, und Wasser war herausgekommen, der Mann, der auf dem Berg Sinai die Zehn Gebote von Gott empfangen hatte. Und jetzt baten die Leute um so eine Bagatelle wie Fleisch, und er war sofort bereit, alles hinzuwerfen – das Musterbeispiel eines Menschen im Ausbrennen! In dieser Situation sind wir außerstande, auch nur mit dem kleinsten Zwischenfall fertig zu werden. Mücken werden zu Elefanten.

▷ *Als Christen meinen wir, Gott nicht im Stich lassen zu können* – eine der wichtigsten Ursachen des Ausbrennens bei hingebungsvollen Christen. Wir haben uns ganz Gott und seinem großen Werk verschrieben. Aber weil wir versuchen, alles selbst zu tun, fühlen wir das Gewicht der Verantwortung auf uns lasten, wir müßten es „für Gott geschehen lassen".

Mose war in der Falle derartiger Gedanken gefangen. Gott sagte ihm, daß er das Volk einen ganzen Monat lang mit nichts als Fleisch versorgen würde. Aber Mose schien skeptisch. Was halten Sie von seiner Erwiderung: „Können so viele Schafe und Rinder für sie geschlachtet werden, daß es für sie ausreicht? Oder sollen alle Fische des Meeres für sie eingesammelt werden, daß es für sie ausreicht?" (4. Mose 11,22; Elberfelder).

Mose unterstellt nicht weniger, als daß *er* Gott helfen müsse, sein Versprechen an Israel einzulösen. Er nahm Gottes Verantwortung auf seine eigenen Schultern!

Viele Christen machen sich der gleichen Anmaßung schuldig. In ihrer Erwartung, Gottes Werk vollendet zu sehen, versuchen sie alles selbst zu tun – ein sicherer Weg ins Ausbrennen. Auch wenn wir hochmotivierte Tatmenschen sind und Gott innig lieben, dürfen wir uns nicht erlauben, sein Werk an seiner Stelle für ihn zu tun. Wir sollten es nicht einmal versuchen.

Gott hat Mose nicht aufgetragen, für das Fleisch zu

sorgen. Gott hat gesagt, daß *er* es besorgen würde. Und er hat es auch getan (4. Mose 11,23-25). Sollten wir zu diesem Gott nicht Vertrauen haben?

▷ *Wenn wir zu dem Schluß kommen, es sei unmöglich, eine Aufgabe auszuführen, hassen wir sie.* Das Ausbrennen kommt, sobald wir konstatieren, es sei unmöglich, eine gestellte Aufgabe zu erfüllen. Oft kommen wir zu diesem Schluß, wenn andere uns und das, was wir tun, nicht günstig beurteilen. Bei Handelsvertretern kommt das Ausbrennen oft dann, wenn sie zu dem Schluß kommen: „Dieses Produkt ist unverkäuflich. Keiner will es haben. Niemand wird es je kaufen. Der Preis ist zu hoch." Und die Entschuldigungen gehen weiter und nehmen kein Ende. Das Ergebnis ist, daß solche Leute anfangen, wegen ihres eigenen Versagens ihr Produkt zu hassen, ihren Beruf, die Firma, für die sie arbeiten – und gewöhnlich auch sich selbst.

Jeremia ist ein Musterbeispiel für diese Kategorie. Wie wir weiter oben gesehen haben, fiel er gegen Gott völlig aus der Rolle (Jeremia 20,7-18). Aufgrund seiner schlechten Erfahrungen schloß Jeremia, daß es unmöglich sei, die Menschen dazu zu bringen, auf seine Botschaft zu hören. Er kam zum gleichen Schluß wie Mose: die Aufgabe sei nicht der Mühe wert, das Ziel sei unerreichbar. Beide kamen dahin, ihre Aufgabe und sich selbst zu hassen.

Burnout ist ein Prozeß. Seine Entwicklungsphase mag irgendwo zwischen einem Jahr und zwanzig Jahren liegen, je nach Arbeitsbereich oder Persönlichkeit. Aber eins ist sicher: Wenn wir versuchen, Aufgaben ganz allein zu lösen, sind wir auf dem Weg zum Ausbrennen. Wenn wir in diese Falle tappen, dauert es nicht mehr lange, bis unsere Erfolge hinter den Erwartungen zurückbleiben. Das erzeugt in uns emotionalen Druck; wir fangen an, den Sinn für Proportionen zu verlieren – Mücken werden plötzlich zu Elefanten.

Als Christen meinen wir außerdem, wir könnten Gott nicht im Stich lassen, daher arbeiten wir härter, um ihm zu gefallen. Aber wir versteigen uns nur dazu, *seine* Arbeit für ihn tun zu wollen. Am Ende kommen wir zu dem Schluß, daß die Aufgabe unerfüllbar ist, und wir hassen sie – und uns.

An diesem Punkt möchten wir weglaufen. Wir wollen Menschen im Stich lassen, unsere Arbeit, uns und – leider – manchmal auch Gott.

Wie man Burnout diagnostiziert

Weil in den Vereinigten Staaten Wettbewerb, Leistung und Erfolg eine besonders große Rolle spielen, ist Ausbrennen hier mehr verbreitet als in vielen anderen Ländern. Wie schon oben erwähnt, sind erfolgsorientierte Menschen die häufigsten Opfer des Ausbrennens.

Als Managementberater hatte ich Gelegenheit, vielen Menschen auf ihrem Weg zum Ausbrennen, während des Ausbrennens und danach zu begegnen. Ich selbst habe diesen schmerzlichen Prozeß durchgemacht. Ich spreche also aus der Position eines Betroffenen und eines Beobachters.

Burnout hat viele Symptome. Darunter folgende:

▷ *Ausbrennende Menschen sind leicht reizbar.* Ihre Nerven sind am Zerreißen. Der kleinste Zwischenfall kann eine riesige emotionale Explosion hervorrufen. Wir haben das bei Mose und Jeremia erlebt. Sie haben auf Schwierigkeiten überreagiert.

▷ *Sie sind emotional erschöpft.* Angestellte, die am Ausbrennen leiden, haben keine emotionalen Reserven mehr. Sie sind plötzlich unfähig, mit Ereignissen und Situationen fertig zu werden, die sie früher mit der linken Hand erledigten. Ich hatte beispielsweise einmal eine Sekretärin, die ausbrannte. Fünfundzwanzig Jahre lang war sie Chefsekretärin gewesen, in allem, was sie tat, perfekt. Aber am Ende verlor für sie ihre Stellung jeden Reiz. (Ich muß gestehen, daß ich als junger Geschäftsführer damals keine Ahnung hatte, wie man eine Sekretärin ihres Kalibers sinnvoll einsetzt. Ein Teil ihres Problems ging also auf mein Konto.) Eines Tages sah ich sie weinend an ihrem Schreibtisch. Sie hatte eine Rolle Tesafilm verlegt und konnte sie nicht finden. Normalerweise ist der Verlust eines Klebestreifens nicht gerade eine große Sache. Aber jemanden, der ausgebrannt ist, kann so etwas in eine tiefe Krise stürzen, der er nicht gewachsen ist.

▷ *Ihre emotionale Erschöpfung führt sie zu physischer Erschöpfung.* Wer am Ausbrennen ist, fühlt sich ständig müde. Er ist nicht nur emotional am Ende, sondern auch physisch. Es fehlt ihm die emotionale und physische Energie zur Bewältigung seiner beruflichen Arbeit.

▷ *Sie können die Dinge nicht mehr objektiv wahrnehmen.* Jeremia beschuldigte Gott, er hätte ihn getäuscht (Jeremia 20,7). Unter normalen Bedingungen wäre Jeremia nicht einmal im Traum eingefallen, so etwas zu sagen. Aber unter dem Einfluß des Ausbrennens wurde seine Objektivität beeinträchtigt.

▷ *Sie neigen dazu, ihre Entscheidungen auf der Basis von Gefühlen zu treffen.* Wer die Objektivität verloren hat, läßt sich hauptsächlich von Emotionen und Eindrücken leiten. Infolgedessen wird er unberechenbar und tut Dinge, die überhaupt nicht zu seinem Charakter passen.

▷ *Sie verlieren ihre Courage, ihre Identität und ihr Selbstwertgefühl.* Das widerfährt Angestellten, wenn sie nicht glauben können, daß solche starken, motivierten, zielorientierten Macher wie sie eine dermaßen schwierige Erfahrung durchmachen müssen. Sie kennen sich selbst nicht mehr, sie wissen nicht mehr, was sie können und was nicht.

▷ *Sie werden risikoscheu.* Wer ausbrennt, erlebt sich als Versager. Diese Erkenntnis ist für ihn ein emotionaler Schock. Aus diesem Grund will er keine Risiken mehr eingehen; er möchte sicher gehen, daß er nicht erneut versagt.

▷ *Schließlich geben sie das Leben überhaupt auf.* Opfer des Ausbrennens begehen vielleicht nicht wirklich Selbstmord, aber sie spielen ständig mit diesem Gedanken. Sowohl Mose als auch Jeremia brachten den Wunsch zu sterben zum Ausdruck. Menschen, die ausbrennen, geben auf. Sie kommen zu dem Schluß, daß sie niemals mehr Glück haben werden, daß ihnen überhaupt nie mehr etwas gelingt.

▷ *Wenn es Christen sind, werden sie vielleicht böse auf Gott und geben ihm die Schuld an ihren Schwierigkeiten.* Diese Reaktion ist wohl eine Folge der emotionalen und physischen Erschöpfung. Wer seine Kräfte schwinden fühlt, ist geneigt, das Leben und Betrachten von Gottes Wort aufzugeben und auch nicht mehr zu beten. Die Folge davon ist eine Verschlechterung seiner Beziehung zu Gott. Satan versucht, diesen Ablauf der Ereignisse dazu zu nutzen, den Betroffenen gegen Gott aufzubringen, damit er ihm die Schuld für die Schwierigkeiten zuweist.

Wie man Menschen bei Burnout helfen kann

Das Ausbrennen hört nicht einfach von selber auf. Bestimmte Hilfen zur Genesung von außen sind *unverzichtbar*.

▷ *Betroffene müssen Urlaub bekommen.* Es sind nämlich die beruflichen Routinearbeiten, die das Ausbrennen verursachen. Um die Genesung vom Ausbrennen einzuleiten, müssen die Betroffenen eine Zeitlang ausspannen. Das ist nicht nur ein Vorschlag, sondern der notwendige erste Schritt zur Genesung. Wer ausgebrannt ist, braucht Tapetenwechsel und muß zumindest eine Zeitlang die Umgebung verlassen, die seine Schwierigkeiten verursacht hat. Der weise Chef wird diese Zeit nicht auf den regulären Urlaub anrechnen. Er wird auch ein Auge auf die rechte Wahl des Urlaubsortes haben.

▷ *Die Zeit des Ausspannens darf nicht zum Grübeln verwendet werden.* Ihr Sinn ist der, daß der Mitarbeiter von den Anspannungen befreit wird, die ursprünglich sein Ausbrennen verursacht haben, und daß er sich physisch erholt. Wir haben oben erwähnt, daß Menschen sich beim Ausbrennen emotional und physisch erholen müssen, bevor sie von ihrer geistigen und emotionalen Erschöpfung genesen können. Es muß ihnen daher gesagt werden, daß sie ein zermürbendes Nachgrübeln über ihre Schwierigkeiten in dieser Phase unbedingt vermeiden sollen. Solche Selbstanalysen kommen dann später.

▷ *Sie müssen ein physisches Ertüchtigungsprogramm beginnen.* Wer ausgebrannt ist, steht unter großem Streß, der Blutdruck und Puls erhöht. Aus diesem Grund muß er sich körperlich betätigen. Oft wird es nötig sein, einen Arzt einzuschalten, um eine Überbelastung zu vermeiden. Vergessen Sie nicht: Solche Menschen waren einmal besonders erfolgreich und erleben alles Neue als Herausforderung; sie dürfen aber ein gesundes Maß nicht überschreiten.

▷ *Wenn sie an den Arbeitsplatz zurückkehren, müssen sie neue Verantwortungsbereiche übernehmen.* Es müssen nicht unbedingt völlig neue Aufgaben sein, aber ihre alten müssen ausreichend umgestaltet werden und neue Pflichten und Verantwortungen umfassen. Mit anderen Worten: Ein Kurzurlaub und ein interessantes Gymnastikprogramm wird das Ausbrennen nicht plötzlich umkehren können. Wir müssen im Auge behalten, daß es die Arbeit und die damit verbundenen Umstände waren, die ursprünglich das Ausbrennen hervorgerufen haben. Infolgedessen müssen wir den Aufgabenbereich ändern – zumindest bis zu einem gewissen Grad.

▷ *Sie müssen sofort Erfolg erleben.* Wer ausgebrannt ist, hat einen Fehlschlag nach dem anderen erlitten – zumindest aus seiner Sicht. Deshalb ist es unbedingt nötig, daß er anfängt, unmittelbaren Erfolg zu erleben, und so sein Selbstvertrauen wiedererlangt. Sein Chef muß ihm eine

Reihe kurzfristiger Ziele stecken, die er innerhalb von höchstens einer Woche erreichen kann.

Jim Ander, ein enger Freund und früherer Geschäftspartner, hat vielen Menschen aus dem Ausgebranntsein herausgeholfen. Er hat mir einmal gesagt: „Wenn die Leute nach einer Zeit des Ausspannens zurückkehren, lasse ich sie schon in den ersten Tagen Erfolg erleben – und wenn ich sie auch nur beim Tennis gegen mich gewinnen lasse. Sie müssen unbedingt wieder lernen, daß sie Erfolg haben können."

▷ *Sie müssen ihrem Leben einen neuen Sinn geben.* Der Arbeitgeber, der jemandem bei der Genesung nach dem Ausbrennen beisteht, muß sich bewußt machen, daß vielleicht der ganze Lebensinhalt seines Angestellten zerstört worden ist. Erinnern Sie sich daran, wie selbst Mose und Jeremia bereit waren, sich aufzugeben.

Das Opfer des Ausbrennens muß ermutigt werden, sich langfristige Ziele zu setzen, die ihm dazu verhelfen, seinem Leben neuen Sinn und neue Bedeutung zu geben. Das Erreichen kurzfristiger Ziele wird helfen, das erforderliche Selbstvertrauen wiederzugewinnen, um diese zukünftigen Ziele zu erreichen. Das wird ihm dazu verhelfen, in seinem Leben und in seiner Arbeit einen neuen Sinn zu finden.

Vergessen Sie nicht, daß das Ausbrennen nicht nur den Arbeitsplatz berührt. Es verändert letztlich das ganze Leben – Familie, Hobbys, Freunde und Interessen. Deshalb muß das Bemühen um Wiederherstellung alle Lebensbereiche erfassen.

▷ *Wer ausgebrannt ist, muß jemandem rechenschaftspflichtig werden.* Das Überwinden von Burnout geschieht nicht automatisch. Wenn die oben beschriebenen Schritte angewendet werden sollen, muß jemand dafür die Verantwortung übernehmen, daß sie auch ausgeführt werden. Demzufolge muß derjenige, der ausgebrannt ist, bereit sein, sich jemandem zu unterwerfen (normalerweise einem Vorgesetzten oder einem ausgebildeten Seelsorger oder Therapeuten) und ihm über die Einhaltung des Heilungsplans rechenschaftspflichtig werden.

Anfangs muß der Ausgebrannte seine „Aufsichtsperson" mindestens einmal in der Woche treffen und mit ihr die kurzfristigen Pläne und Aktivitäten besprechen und die Fortschritte beurteilen. Später können dann die Treffen auf ein- bis zweimal im Monat verlegt werden. Sie müssen jedoch mindestens sechs Monate oder gar ein Jahr lang fortgesetzt werden.

Es sollte Klarheit darüber bestehen, daß man im Verlauf der Genesung die Schwierigkeiten noch einmal durchleben kann, die das Ausbrennen verursacht haben. Deshalb ist es wichtig, dem Betreffenden dabei zu helfen, die gleichen Fehler nicht ein zweites Mal zu machen. Während der Genesung mag er wieder auf den Weg eines erfolgsorientierten Vielarbeiters kommen, und solche Menschen neigen dazu, sich zu übernehmen – was den Prozeß des Ausbrennens noch einmal auslösen kann.

Wie man Burnout vermeidet

Wir haben die Ursachen des Ausbrennens betrachtet und Wege, es zu überwinden. Noch wichtiger aber ist es zu wissen, wie man diese Krankheit, die unser Leben vergiftet, vermeidet.

Dazu müssen wir eine beständige geistliche, physische, emotionale und geistige Erneuerung erleben.

▷ *Kontinuierliche geistliche Erneuerung ist der erste und wichtigste Schritt zur Vermeidung des Ausbrennens.* Wir müssen beständig neue geistliche Ziele anstreben und erreichen, um unsere Beziehung mit Gott zu verbessern und zu stärken. Wie Paulus den Ephesern zugerufen hat: „Gottes Geist will euch mit einer völlig neuen Gesinnung erfüllen. Ihr sollt den ‚neuen Menschen' anziehen, wie man ein Kleid anzieht" (4,23-24). Geistliche Stagnation führt

157

zu emotionalem Abbau. Ich spreche aus Erfahrung: Wenn Sie Ihre Beziehung mit Gott vernachlässigen, leiden auch alle anderen Beziehungen darunter. Die Zeit, die Sie mit Gott verbringen, ist die wichtigste, die es gibt. Sie ist Ihre größte Waffe gegen Burnout.

Sie können sich nicht ständig verausgaben, ohne immer wieder geistliche Kraft zu tanken. Der Psalmist sagt: „Gott ist unsere Zuversicht und Stärke, eine Hilfe, in Nöten kräftig erfunden" (Psalm 46,1).

▷ *Lernen Sie physisch Maß zu halten.* Der Erfolgsgewohnte hat oft Schwierigkeiten, sich zu zügeln. Aber um das Ausbrennen zu vemeiden, müssen Sie Ihre Arbeit und Ihr übriges Leben – Entspannung und Ruhe – im Gleichgewicht halten. Der Schreiber des Prediger sagt (Prediger 3,1-8), daß nicht nur das Arbeiten seine Zeit hat, sondern auch das Ausruhen. Wer das Ausbrennen vermeiden will, muß diesen Grundsatz beherzigen.

▷ *Halten Sie Ihre Einstellung unter Kontrolle: Konzentrieren Sie sich auf die positiven Ereignisse des Tages.* In seinem Brief an die Philipper rät Paulus den Gläubigen: „Orientiert euch an dem, was wahrhaftig, gut und gerecht, was anständig, liebenswert und schön ist. Wo immer ihr etwas Gutes entdeckt, das Lob verdient, darüber denkt nach" (4,8).

Wer emotional ausbrennt, hat durchgehen lassen, daß er sich mehr auf negative Situationen konzentriert als auf positive. Die Konzentration auf das Positive eines jeden Tages stellt sicher, daß das Fundament des Ausbrennens – negative Gedanken und Einstellungen – niemals gelegt wird.

▷ *Gehen Sie unbedingt jedes Jahr in Urlaub.* Für ambitionierte Tatmenschen ist der Jahresurlaub ein absolutes Muß. Er ist weit mehr als eine Belohnung für harte Arbeit. Ein Urlaub ist eine Investition für die Zukunft. Er sollte nicht zerteilt werden – hin und wieder ein Tag. Er sollte über eine ausgedehnte Zeit gehen – mindestens aber über eine Woche.

Und lassen Sie Ihren Papierkram zu Hause. Glauben Sie mir, so etwas wie einen „Arbeitsurlaub" gibt es nicht. Leider stopfen viele Geschäftsleute, die ich kenne, ihre Aktentaschen mit genug Arbeit für zwei Tage voll, wenn sie mal einen Tag „Urlaub" einschieben. Die meisten Geschäftsleute wissen zu arbeiten, aber wenige verstehen etwas vom Ausspannen – eine Lektion, die zu lernen die Mühe wert ist!

▷ *Brechen Sie aus Ihrer Routine aus.* Wenn jemand das Ausbrennen mit Erfolg vermeidet, dann derjenige, der gelernt hat, allzuviel Alltagsroutine zu vermeiden. Finden Sie immer neue Arten, Ihre Arbeit zu tun. Halten Sie sich an das Motto: „Man kann eine Aufgabe immer auf eine bessere Art tun, und ich werde sie herausfinden." Ein Freund hat mir einmal gesagt: „Bist du grün, so bist du am Wachsen; bist du reif, dann fängst du an zu faulen!" Solange Sie wachsen und immer neue und bessere Wege ausprobieren, Ihrem Terminkalender beizukommen, müssen Sie sich nicht vor dem Ausbrennen fürchten.

▷ *Arbeiten Sie beständig daran, Ihre Ziele aufzuwerten.* Die Ziele von vor fünf Jahren werden Sie heute nicht mehr vor dem Ausbrennen bewahren. Überprüfen Sie Ihre Ziele regelmäßig. Verändern Sie sie. Weiten Sie sie aus. Erproben Sie Neues. Entwickeln Sie neue Interessen. Kurz, erweitern Sie Ihren Horizont. Erweitern Sie Ihre Interessensgrundlagen. Erweitern Sie nicht immer nur die Ziele vom letzten Jahr.

▷ *Halten Sie Ihr Leben im Gleichgewicht.* Führen *Sie* Ihr Geschäft, und lassen Sie sich nicht von Ihrem Geschäft führen! Bewahren Sie sich einen Sinn für Ausgewogenheit zwischen Arbeit, Familie und Entspannung. Dann werden Sie ein wirklich erfolgreicher Geschäftsmann, eine wirklich erfolgreiche Geschäftsfrau werden; Sie werden erkennen, daß Sie nicht all Ihre geistlichen, emotionalen und physischen Reserven verfeuern müssen, um ganz nach oben zu kommen.

Zusammenfassung

Ausbrennen – *Burnout* – ist eine Art arbeitsbezogener Streß, der oft durch beständige Interaktion mit Menschen und ihren Problemen verursacht wird. Betroffen davon sind vor allem „ambitionierte Erfolgreiche" und Menschen in Berufen mit viel Publikumskontakt.

Das Ausbrennen bricht aus, wenn

▷ wir versuchen, in unserem Geschäft alles selbst zu machen,
▷ das Erreichte nicht unseren Vorstellungen entspricht,
▷ wir bei der Beurteilung von Situationen die rechte Perspektive verlieren,
▷ wir als Christen immer härter arbeiten, weil wir „Gott nicht im Stich lassen wollen",
▷ wir zu dem Schluß kommen, bestimmte Aufgaben seien unerfüllbar, und wir sie dann hassen.

Folgende Symptome helfen uns bei der Diagnose des Ausbrennens: Wer ausbrennt, ist leicht reizbar. Er wird emotional erschöpft, was zu physischer Erschöpfung führt. Er kann Dinge nicht mehr objektiv betrachten und trifft Entscheidungen nur noch nach Gefühl. Wer am Ausbrennen ist, verliert den Sinn für Courage, für Identität und Selbstwert. Er übernimmt keine Risiken mehr. Am Ende gibt er womöglich sich selbst auf. Wenn der Ausbrennende Christ ist, neigt er dazu, auf Gott böse zu werden und ihn für seine Schwierigkeiten verantwortlich zu machen.

Halten Sie sich an folgende Schritte, wenn Sie Mitarbeitern helfen, die am Ausbrennen sind:

▷ Wer am Ausbrennen ist, muß eine Zeitlang ausspannen.
▷ Diese Zeit darf nicht zum Nachgrübeln benutzt werden, sie dient allein der Erholung und Entspannung.
▷ Wichtig ist ein körperliches Ertüchtigungsprogramm.
▷ Bei der Rückkehr an den Arbeitsplatz muß der Arbeitsbereich geändert werden.

▷ Es muß für unmittelbare Erfolgserlebnisse beim Genesenden gesorgt werden.
▷ Der Lebensinhalt muß neu definiert werden.
▷ Der Rekonvaleszent muß sich jemandem rechenschaftspflichtig machen, der seine Fortschritte überwacht.

Ausbrennen ist auch für ambitionierte Erfolgsmenschen nicht unausweichlich. Um es zu vermeiden, müssen wir das Hauptaugenmerk auf geistliche Erneuerung legen und unsere Beziehung mit Gott laufend verbessern.

Wir müssen auch lernen, physisch Maß zu halten. Wir sollten unbedingt jedes Jahr Urlaub machen. Wir brauchen Zeit zur Erholung und zum Ausspannen. Außerdem müssen wir unbedingt vermeiden, in die Geleise monotoner Alltagsroutine zu verfallen.

Schließlich müssen wir unsere Einstellung unter Kontrolle halten und uns auf die positiven Ereignisse des Tages konzentrieren und nicht auf die negativen. Wir müssen beständig daran arbeiten, unsere Ziele aufzuwerten; und wir müssen unser Leben im Gleichgewicht halten.

Persönliche Nutzanwendung

1. Betrachten Sie noch einmal den Abschnitt „Ursachen von Burnout". Suchen Sie nach den Ursachen des Ausbrennens, die auf den Seiten 148-151 aufgeführt sind, falls Sie oder einer Ihrer Mitarbeiter gegen diese Grundsätze verstoßen.
2. Wenden Sie den Genesungsplan auf den Seiten 154-157 an, wenn Sie Mitarbeiter haben, die ausgebrannt sind.
3. Sie und Ihre Mitarbeiter sollten die Maßnahmen zur Vermeidung von Burnout auf den Seiten 157-159 anwenden.

11
Achten Sie
auf Ihre Prioritäten

George Preston paßte genau in das Bild eines modernen, erfolgreichen Geschäftsmannes. Er war Mitglied des örtlichen *Country Club* und besaß Ferienhäuser in Colorado und auf Hawaii. Zwei Cadillacs und ein Kleintransporter mit Allradantrieb gehörten zu seinem privaten Fuhrpark. Auf einem kleinen Privatflugplatz, dessen Miteigentümer er war, stand seine startklare Privatmaschine. „Brauchst du Hilfe, dann geh zu George Preston", war ein geflügeltes Wort in der Stadt. Es versteht sich von selbst, daß er in der Kommunal- und Landespolitik sehr einflußreich war.

Ich begegnete George zum ersten Mal bei einem Geschäftsessen. Wir wurden Freunde, und später hatte ich einmal Gelegenheit, in seiner Firma ein kleines Management-Fortbildungsseminar für Abteilungsleiter abzuhalten.

Eines Tages rief mich Georges Sekretärin an. Sie sagte, George sei auf dem Nachhauseweg von der Westküste; er wolle mich zum Dinner in einem seiner Restaurants in Denver treffen.

Ich traf ihn später an diesem Abend. Nach dem Austausch der üblichen Begrüßungsfloskeln wurde er ungewöhnlich still. „Wahrscheinlich fragst du dich, warum ich dich hier treffen wollte", murmelte er schließlich. Dann machte er eine Pause, und ich glaubte, eine Träne in seinem Augenwinkel sehen zu können.

„Myron", sagte er, und schob seinen Teller mit dem halb aufgegessenen Steak von sich weg, „mein Vater war Bergmann in einer Kohlengrube, und wir waren sehr arm. Und wenn ich sage arm, dann meine ich es auch! So nahm ich mir schon als Kind vor, einmal wegzugehen aus dieser Bergbaustadt, nach Denver, und einen Haufen Geld zu machen. Und das habe ich dann auch getan!"

„Ich habe mich in den letzten dreißig Jahren in dieser Stadt schwer ins Zeug gelegt", fuhr er fort, „und es hat sich gelohnt. Heute könnte ich vielleicht die ganze Stadt in West-Colorado aufkaufen, in der ich aufgewachsen bin."

Er machte wieder eine Pause, und dicke Tränen rannen über seine Wangen. George Preston war der letzte, von dem ich erwartet hätte, daß er einmal weint. Er war zwar ein freundlicher Mensch, gab sich jedoch stets robust und unbeugsam.

Er sah vom Tisch auf und sagte: „Ich komme gerade aus Kalifornien zurück, wo ich versucht habe, meine Frau und meine sechzehnjährige Tochter zu überreden, wieder nach Hause zurückzukommen."

Er war eine Woche auf Geschäftsreise gewesen und hatte bei seiner Rückkehr eine Notiz seiner Frau Shirley vorgefunden, sie könne es nicht mehr aushalten und verlasse ihn.

„Ich hatte Shirley immer alles gekauft, was sie wollte", sagte er, „ich dachte, es klappt gut mit uns. Aber heute in Kalifornien hat sie mir gesagt, ich würde mehr von meinen Mitarbeitern halten als von ihr, weil sie mir Geld bringen und sie es nur ausgebe."

„Meine Familie ist mir das wichtigste auf der Welt", fügte er hinzu. „Ich habe alles nur für sie getan, aber ich glaube, es war nicht die richtige Art, es sie spüren zu lassen."

George Prestons Mißgeschick wiederholt sich in der Geschäftswelt Amerikas unzählige Male. In meinen Jahren als Managementberater und Geschäftsmann bin ich vielen Menschen begegnet, die eines Tages mit der Entdeckung aufgewacht sind, daß die Dinge, auf die sie ihre Zeit und all ihre Energie verwendet haben, in Wirklichkeit nicht die wichtigsten waren. Ich müßte mich eigentlich selbst auf diese Liste setzen. Die meisten von uns finden sich früher oder später weit ab von dem wieder, was wirklich wichtig ist.

Das Problem der Geschäftsleute:
ein unausgewogenes Leben

Geschäftsleute neigen mehr als jede andere Gruppe in unserer Gesellschaft zu einem Mangel an Gleichgewicht in ihrem Leben. Wie wir im letzten Kapitel gesehen haben, ist die Ausgewogenheit im Leben einer der Schlüssel zum Vermeiden von Burnout. Sie ist zugleich der Schlüssel zu wirklichem Erfolg im Leben.

George Preston galt als höchst erfolgreicher Geschäftsmann. Zu Hause aber war er ein Versager. Viele Geschäftsleute wie George verstehen es vortrefflich, mit Hunderten von Millionen zu jonglieren und Hunderte von Mitarbeitern zu führen, aber was die Familie angeht, sind sie oft Analphabeten.

Wenn wir im Leben wirklich erfolgreich sein wollen, müssen wir es in allen Bereichen sein – nicht nur beim Geldmachen. Man kann eine Million Dollar verdienen und dabei trotzdem im Leben versagen.

Statt zu lernen, wie man ein Geschäft führt, lassen sich viele Geschäftsleute von ihrem Geschäft führen.

Martha Harris zum Beispiel besitzt und betreibt eines der reizvollsten Feinschmeckerlokale in Arizona. Sie hat vor zwanzig Jahren als Kellnerin angefangen und ist das Musterbeispiel einer „Selfmade-Geschäftsfrau".

Sie erzählte mir: „Ich wollte schon immer mein eigenes Geschäft haben, weil ich Herr meiner Zeit sein wollte. Ich wollte in der Lage sein, mir frei zu nehmen, ohne zuerst jemanden fragen zu müssen. Ich wollte meine eigenen Entscheidungen treffen können und mein eigener Herr sein."

Lachend fuhr sie fort: „Heute besitze ich eins der besten Restaurants der Stadt. Ich habe Geld, zu reisen, wohin ich will, aber mit meinem Geschäft bin ich so angebunden, daß ich nicht wegkomme. In den letzten drei Jahren war ich nicht einmal in Urlaub, und in diesem Jahr kann ich höchstwahrscheinlich wieder nicht. Ich denke, ich arbeite für das Geschäft statt für mich."

Marthas Leben ist aus dem Gleichgewicht geraten. Sie widmet ihre ganze Zeit und alle Anstrengungen dem Geschäft und dem Geldverdienen, und das Resultat ist, daß sie keine Zeit mehr für sich hat.

Erinnern Sie sich noch einmal daran, was Psalm 127,2 darüber sagt: „Es ist umsonst, daß ihr früh aufsteht und euch spät niederlegt und sauer erworbenes Brot esset; sicherlich gönnt er seinen Geliebten den Schlaf."

Gott will nicht, daß wir zum Betreiben unseres Geschäfts übermäßig viel Zeit aufwenden. Er will, daß unser Leben zwischen Arbeit und Ruhe ausgewogen ist. Die meisten Geschäftsleute möchten nicht zugeben, daß ihr Leben aus der Balance ist; aber wenn jemand zehn oder zwölf Stunden am Tag und sechs Tage in der Woche in seinem Geschäft verbringt, ist sein Leben unausgewogen.

Was im Leben ist wirklich wichtig?

George Preston entdeckte plötzlich, daß Frau und Tochter wichtiger waren als das ganze Geschäft, die Häuser, Autos, Flugzeuge und die Macht, die für Geld zu haben ist. Aber da war es schon zu spät.

Als christliche Geschäftsleute, die in einem Markt operieren, wo Geld und das, was dafür zu kaufen ist, alles regiert, müssen wir beständig unsere Prioritäten im Auge behalten. Wenn wir nicht aufpassen, kann es passieren, daß auch wir eines Tages aufwachen und entdecken müssen, daß die wirklich wichtigen Dinge des Lebens durch unsere Finger geglitten sind, während wir an den falschen Prioritäten festhielten.

Was *ist* nun wirklich wichtig im Leben? Viele würden vielleicht sagen, Glück; andere, Gesundheit oder finanzielle Sicherheit; aber nach der Bibel ist dies *nicht* das Wichtigste im Leben. Die Bibel lehrt, daß die Kenntnis des Wortes Gottes und der Gehorsam ihm gegenüber das wichtigste im Leben ist. Psalm 19,8-12 sagt uns, daß Gottes Wort vollkommen

166

ist. Es beschützt uns, macht uns weise und gibt uns Freude. Der Abschnitt sagt, Gottes Wort ist wertvoller als Gold, es warnt uns vor Gefahren und gibt uns Erfolg, wenn wir ihm gehorchen.

Deshalb sollte auch unsere erste Priorität im Leben das Kennenlernen des Wortes Gottes und der Gehorsam ihm gegenüber sein. Es zeigt uns zugleich den Schlüssel zu Geld und zur Freude.

George Preston und Martha Harris lernten, wie man Geld macht, endeten aber damit im Fiasko. Das Geld hat George seine Familie gekostet und Martha ihre Freizeit. Wie es im Buch Hiob heißt: „Ein Spinngewebe ist des Frevlers Haus, mit seinem Trotzen ist es plötzlich aus; vergeblich stützt er sich und trotzt darauf; er fällt dahin und steht nicht wieder auf" (8,14-15).

Gott und seinem Wort zu vertrauen ist das wichtigste im Leben. Aber die meisten von uns verbringen jeden Tag mehr Zeit vor den Fernsehnachrichten als damit, Gottes Wort kennenzulernen!

Gottes Brief an die Gemeinde von Laodicea könnte genausogut an die christlichen Geschäftsleute von heute geschrieben sein: „Du hältst viel von dir und sagst: ‚Ich bin reich und habe alles, was ich brauche!‘ Was bist du für ein Narr! Du merkst gar nicht, wie es wirklich um dich steht und wie jämmerlich du dran bist: arm, blind und nackt bist du" (Offenbarung 3,17).

Wie können wir wissen, was unsere Prioritäten sind?

Wir alle erkennen die Notwendigkeit von Prioritäten in unserem Leben an. Einige wenige von uns haben sich schon einmal die Mühe gemacht, sie sich bewußt zu machen oder niederzuschreiben. Dabei gibt es zwei Arten von Prioritäten: echte und eingebildete. Manchmal sind sie schwer voneinander zu unterscheiden. Beide können klar definiert und zu Papier gebracht werden. Mit beiden läßt sich trefflich argumentieren. Wir können sogar meinen, beide seien real.

Unsere *echten* Prioritäten sind das, womit wir unsere Zeit verbringen. Sie müssen nicht unbedingt bewußt oder irgendwo aufgeschrieben sein. Daß wir die meiste Zeit auf sie verwenden, ist Beweis genug.

Dinge, über die wir nur sagen, wir täten, planten, wollten sie, tun sie aber nicht, sind *eingebildete* Prioritäten und keine echten.

Vielleicht wollen wir es nicht zugeben, aber wir finden immer Zeit, das zu tun, was uns wichtig ist. Wir können soviele Worte machen darüber, wie wichtig uns die Familie ist oder Gott und sein Werk. Aber wenn unsere Familie und Gott immer auf unsere übriggebliebene Zeit verwiesen werden, sind sie nur *eingebildete* Prioritäten – keine echten. Nochmals: Unsere echten Prioritäten sind das, worauf wir unsere Zeit verwenden. Eingebildete Prioritäten sind solche, von denen wir nur *sagen* , sie seien wichtig.

Beachten Sie Jesu Worte über die Pharisäer in Matthäus 15,8: „Diese Leute können schön über Gott reden, aber mit dem Herzen sind sie nicht dabei." Die Pharisäer bildeten sich ein, Gott sei ihre größte Priorität, aber ihre Handlungsweise bewies, daß er es nicht war. Sie dienten Gott mit den Lippen, aber nicht mit dem Herzen.

Unseren echten Prioritäten widmen wir unsere Zeit, aber unsere eingebildeten Prioritäten bekommen nur Lippenbekenntnisse ab. Die Tragödie eingebildeter Prioritäten ist, daß sie uns betrügen. Wir meinen, wir täten etwas, das wir nicht tun, und hätten uns Dingen gegenüber verpflichtet, die uns in Wahrheit nicht interessieren.

Für George Preston war die Familie eine eingebildete Priorität. Er gab nur Lippenbekenntnisse ab, daß sie für ihn das wichtigste im Leben sei. Er glaubte sogar selbst daran. Aber seine Zeit widmete er nicht seiner Familie.

Ihre Zeit opfern Sie nur Ihren echten Prioritäten. Sie mögen Ihren eingebildeten Prioritäten Geld und verbale Unterstützung zuteil werden lassen; aber Zeit, Ihr kost-

barster Besitz, ist nur dem vorbehalten, was Ihnen wirklich
etwas bedeutet.

Wenn Sie wirklich wissen wollen, was Ihre echten Priori-
täten sind, dann achten Sie einmal darauf, auf was Sie Ihre
Zeit verwenden – nicht auf das, was Sie sagen oder auf was
Sie Ihr Geld verwenden.

Was um Priorität in Ihrem Leben streitet

Vielleicht wissen wir, daß für uns Christen Gottes Wort unsere höchste Priorität sein sollte, aber es gibt vieles in der
Geschäftswelt, das Gott von der Bildfläche verdrängen
will. Markus 4,19 zum Beispiel sagt uns: „Aber nur allzu
schnell ersticken die Sorgen des Alltags, die Verführung des
Wohlstandes und die Gier nach all den Dingen dieses Lebens Gottes Botschaft in ihrem Herzen, so daß keine Frucht
wachsen kann."

Was für eine treffende Beschreibung unserer modernen
westlichen Gesellschaft! Dieser Vers gibt konkrete Beispiele für die Dinge, die Gottes Wort den Rang der höchsten Priorität in unserem Leben ablaufen wollen. Beachten
Sie, daß jede dieser Ablenkungen beständig die Geschäftsleute auf dem Markt ins Visier nimmt:

▷ die Sorgen des Alltags,
▷ die Verführung des Wohlstandes,
▷ die Gier nach all den Dingen dieses Lebens.

Lassen Sie uns das im einzelnen betrachten.

Die Sorgen des Alltags. Wir haben oben gesehen, wie Sorgen sich ständig ausweiten, in Streß münden und uns von
Gott entfernen, wenn wir sie nicht bei ihm abgeben.

Die Verführung des Wohlstandes. Die meisten Menschen in
der Geschäftswelt legen weit größeren Wert auf das Anhäufen von Reichtümern als auf das Kennenlernen von Gottes
Wort und auf den Gehorsam ihm gegenüber. Das Sammeln

von Reichtümern beansprucht soviel Zeit und Energie, daß für Gott überhaupt nichts mehr übrig bleibt. Vielleicht gehen solche Leute am Sonntag eine Stunde lang in den Gottesdienst und werfen eine Münze in den Opferbeutel; vielleicht stehen sie sogar in der Gemeinde auf und sagen, wie sehr sie Gott lieben und sich ihm ergeben haben. Aber die restlichen 167 Stunden der Woche sind ausschließlich dem Bemühen gewidmet, mehr Geld zu machen.

Für diese Leute ist Gott eine eingebildete Priorität, ihre echte ist das Anhäufen von Reichtümern. Denn damit verbringen sie ihre ganze Zeit.

In 5. Mose 8,12-14 werden wir gewarnt, daß „wenn du nun gegessen hast und satt geworden bist, und schöne Häuser erbauest und darin wohnest, und deine Rinder und Schafe, Silber und Gold, und alles, was du hast, sich mehren, dein Herz sich alsdann nicht erhebe und du vergessest des HERRN, deines Gottes".

Die Gier nach all den Dingen dieses Lebens. Von allen Gestalten der Bibel hätten wir vielleicht Salomon am ehesten zugetraut, daß er Erfolg und Treue gegen Gott in Einklang zu bringen imstande wäre. Schließlich hat Gott selbst von ihm gesagt, er sei der weiseste Mann, der je gelebt hat. Aber 1. Könige 10-11 zeigt uns, wie Salomo ein erfolgreiches Königreich aufgebaut hat – und sich dann von Gott mehr und mehr entfernte.

Gegen Erfolg ist nichts zu sagen. Gott verspricht bestimmte Arten von Erfolg, wenn wir ihn beständig an die erste Stelle setzen und seinem Wort gehorchen. Gott sagte zu Josua: „Dieses Gesetzbuch soll nicht von deinem Munde weichen, sondern forsche darin Tag und Nacht, auf daß du achtgebest, zu tun nach allem, was darin geschrieben steht; denn alsbald wird dir dein Weg gelingen" (Josua 1,8).

Wie Reichtum und Erfolg können uns die Gier nach Luxus und der Erwerb der schönen Dinge dieser Welt aus dem Gleichgewicht bringen. Wir treiben einen so großen Aufwand, daß wir darüber unsere Verpflichtung gegen Gott ganz vergessen.

170

Das Tragische ist, daß uns materielle Dinge allein niemals echte Freude und echten Frieden gewähren können. Andererseits verspricht uns Gott, daß uns „solches alles hinzugelegt" wird, wenn wir zuerst nach dem Reich Gottes und seiner Gerechtigkeit trachten (Matthäus 6,33).

Wenn wir Gott und sein Wort kennen und ihm gehorchen, befriedigt er alle unsere emotionalen und physischen Bedürfnisse. Wie es in Psalm 29,11 heißt: „Der HERR wird seinem Volk Kraft verleihen, der HERR wird sein Volk segnen mit Frieden!" Und Psalm 119,165 sagt uns: „Großen Frieden haben, die dein Gesetz lieben, und nichts bringt sie zu Fall."

Bringen Sie Ihr Leben ins Gleichgewicht

Für Geschäftsleute ist es nicht immer leicht, ihr Leben im Gleichgewicht zu halten. Aber wenn Sie in den Genuß des Lebens in Fülle kommen wollen, wie es uns Jesus in Johannes 10,10 versprochen hat, ist das unabdingbar.

Um unser Leben im Gleichgewicht zu halten, müssen wir den Unrat und Schutt unserer Alltagsroutine beseitigen. Wir müssen das identifizieren, was wirklich wichtig ist, und uns darauf konzentrieren. Mit anderen Worten: Wir müssen für die echten Prioritäten Zeit *schaffen*.

George Preston verlor seine Familie deshalb, weil ihm nicht gelungen war, in seinem Zeitplan Platz für sie zu schaffen. Wenn es zur Einteilung des Tages kam, erhielt alles andere Vorrang vor ihr.

Ein fundamentales Gesetz des Umgangs mit der Zeit besagt, daß wir *80 Prozent unseres Erfolges mit nur 20 Prozent unseres Aufwandes erzielen.* Das bedeutet aber auch zugleich, daß 80 Prozent unseres Aufwandes nur 20 Prozent unserer Resultate hervorbringen. Unproduktive Tätigkeiten berauben uns der Zeit, die wir auf wichtige Prioritäten verwenden sollten.

Die schönen Blumen in unserem „Lebensgarten" werden welken und sterben, wenn wir die Dornen und Disteln überhandnehmen lassen. Nur wir können sie ausmerzen.

Unser Leben im Gleichgewicht zu halten erfordert regelmäßiges Ausjäten von Dornen und Disteln, damit die Blumen eine Chance haben, zu gedeihen und zu blühen. Unwichtige Aktivitäten, die Zeit brauchen, aber fast nichts zu unserem Erfolg beitragen, müssen ausgerissen und weggeworfen werden. Wir müssen uns auf das Wichtige konzentrieren und das Unwichtige aus Mangel an Aufmerksamkeit sterben lassen.

Wir müssen auch zu einigen substantielleren Dingen nein sagen lernen. Wie schon weiter oben erwähnt, sind Geschäftsleute häufig ambitionierte Erfolgsmenschen. Sie sind auch geschickt darin, Arbeiten schnell zu erledigen. Demzufolge werden sie ständig von Leuten bestürmt, die immer gute Gründe vorbringen, „nur ein paar Minuten" von ihrer Zeit in Anspruch zu nehmen.

Zum Beispiel mag der XYZ-Fonds eine gute Sache sein, die Förderung verdient. Aber ist das Amt des Schirmherrn seiner regionalen Sternfahrt in diesem Jahr genauso wichtig wie das Zusammensein mit Ihrer Frau und Ihren Kindern?

Ich glaube nicht. Das muß nicht heißen, daß der XYZ-Fonds keine gute Sache ist. Aber Sie können nicht an jeder guten Sache teilnehmen, die des Weges kommt. Tun Sie es doch, so werden Sie für die *wirklich besten* nie Zeit haben. Warum wollen Sie sich mit guten Tagen abgeben, wenn sie die besten haben können?

Um Zeit für die besten Dinge im Leben zu haben, müssen wir uns „selektiv engagieren" – und lernen, zu den meisten nur guten Dingen nein zu sagen. Es ist eine Frage der Prioritäten.

Viele Geschäftsleute versäumen die wirklich großen Dinge im Leben, weil sie ein „Bescheidenheits-Syndrom" haben. Sie bescheiden sich mit einem freien Tag hin und wieder, statt eine oder zwei Wochen auf *wirkliche* Ferien mit der Familie zu verwenden. Sie bescheiden sich mit einem

schnellen Lunch mit ihrem Ehepartner an einer Buletten-
bude zwischen zwei Geschäftsterminen, statt den Terminkalender den ganzen Abend frei zu halten für ein Dinner zu
zweit in einem schönen Lokal.

Wenn wir auf unsere Prioritäten achten und unser Leben
im Gleichgewicht halten, können wir uns nicht erlauben,
ein Bescheidenheitssyndrom einzufangen. In der Geschäftswelt ist es weitverbreitet. Die meisten Geschäftsleute haben es, und wenn Sie dort zuviel herumhängen,
werden Sie wahrscheinlich angesteckt. Ihre wahren Prioritäten genau zu kennen ist die einzige Methode, dem Bescheidenheits-Syndrom zu entgehen. Schreiben Sie sie auf,
überprüfen Sie sie regelmäßig, und planen Sie detailliert,
wie Sie sie einhalten können.

Die Alternative ist der Verlust Ihres Vorrechts der eigenen
Wahl. Mit anderen Worten: *Wenn Sie nicht wissen, was das wichtigste in Ihrem Leben ist, werden Sie immer dahin kommen, das
zu tun, was anderen das wichtigste ist.* Geraldene Hopkins,
die Frau eines Geschäftsfreundes, erzählte mir auf einer
Weihnachtsfeier: „Lloyd (ihr Mann) erlaubt jedem, ihn an
einem Nasenring herumzuführen. Ständig kommen Leute
und sagen, sie bräuchten unbedingt seine Hilfe bei diesem
wichtigen Vorhaben und bei jenem wichtigen Projekt." Sie
goß mir noch ein Gläschen roten Punsch ein und erzählte
weiter: „Ich glaube, er hält ihre Pläne für wichtiger als seine
eigenen. Das Problem ist, daß er ständig damit beschäftigt
ist, anderen zu helfen, so daß er keine Zeit mehr hat, *uns* zu
helfen. Manchmal habe ich den Eindruck, er hält andere
Leute und ihre Probleme für wichtiger als mich."

Ich hatte Lloyd in Aktion erlebt und muß sagen, seine
Frau hatte recht. Es ist ohne Bedeutung, daß er mir oft
beim Lunch sagte, was für eine wunderbare Frau er hatte.
Wenn sie wirklich eine erstrangige Priorität in seinem Leben gewesen wäre, hätte er ihr bei ihren wichtigen Plänen
ebenfalls geholfen.

Es ist nicht das, was Sie sagen, was zählt: Allein das, was
Sie *tun*, zeigt, wo Ihre Prioritäten liegen – oder ob Sie über-

haupt welche haben. Und wenn Sie nicht Ihre eigenen Prioritäten setzen, wird es jemand anderes für Sie tun. In den meisten Fällen werden sie dann zu seinen Gunsten ausfallen – nicht zu Ihren.

Wenn Sie etwas über jemandes Wertsystem erfahren wollen, müssen Sie nur auf seine Prioritäten sehen. Wenn Sie etwas über seine Prioritäten wissen wollen, dann sehen Sie sich an, wie er seine Zeit verbringt. Unsere eigenen Handlungen haben immer eine Aussagekraft für andere darüber, was uns in unserem Leben das wichtigste ist.

Prioritäten sind die „Leitlinien" auf der Straße unseres Lebens; sie halten uns auf der Bahn. Und sie bewahren uns auch vor dem Abgleiten in den Sumpf der Ineffektivität. Wie weit und wie rasch Sie im Leben vorankommen, wird davon abhängen, wie gewissenhaft Sie Ihre Prioritäten setzen und einhalten.

Zusammenfassung

Die meisten Geschäftsleute haben Probleme damit, ihr Leben im Gleichgewicht zu halten. Ihr Geschäft wird häufig allmächtig und grenzt alle anderen Prioritäten wie Familie, Freunde, Hobbys und Freizeit aus.

Unsere Prioritäten sagen uns und anderen, was uns wirklich wichtig ist. Nach Hiob 8,14 sollte Gott unsere oberste Priorität sein; außer ihm gibt uns nichts Sicherheit.

Es gibt zwei Arten von Prioritäten: *echte* und *eingebildete*. Echte Prioritäten sind die, auf die wir unsere Zeit verwenden. Echte Prioritäten müssen nicht unbedingt schriftlich festgelegt oder sonst klar definiert sein; wir erkennen sie als echt, weil wir auf sie unser wertvollstes Gut verwenden – unsere Zeit.

Andererseits sind alle die Dinge, von denen wir behaupten, wir täten sie oder hätten sie vor, tun sie aber nicht, unsere eingebildeten Prioritäten. Eingebildete Prioritäten mögen schriftlich fixiert und regelmäßig zur Sprache gebracht werden, aber wenn wir sie nie in die Tat umsetzen, sind es überhaupt keine.

Jesus nennt Gründe, weshalb Gott oft den ersten Platz in unserem Leben einbüßt: Denn „nur allzu schnell ersticken die Sorgen des Alltags, die Verführung des Wohlstands und die Gier nach all den Dingen dieses Lebens Gottes Botschaft in ihrem Herzen, so daß keine Frucht wachsen kann" (Markus 4,19).

Es ist für Geschäftsleute nicht immer leicht, im Gleichgewicht zu bleiben, aber wir müssen es, damit wir das „Leben in Fülle" erfahren.

Etwa 80 Prozent unseres Erfolgs kommen von nur 20 Prozent unseres Aufwandes, sagt man. Um ausgewogen zu bleiben, müssen wir uns darauf konzentrieren, unproduktive Tätigkeiten aus unserem Tagesablauf zu verbannen – um mehr Zeit für die wirklich wichtigen Dinge zu bekommen.

Wir müssen außerdem lernen, auch vielen wichtigen Dingen eine Absage zu erteilen, die uns von unseren Prioritäten abbringen. Wenn eine Aktivität wertvoll ist, heißt das noch lange nicht, daß sie für uns richtig sein muß. Manchmal geben wir uns mit dem Zweitbesten zufrieden, wenn wir bei ein bißchen mehr Anstrengung das Beste haben könnten.

Der Sinn von Prioritäten ist es, uns das bestmögliche Leben zu schaffen. Ohne Prioritäten leben wir nicht wirklich.

Persönliche Nutzanwendung

1. Bewerten Sie Ihre Prioritäten. Sind sie echt oder eingebildet?
2. Schreiben Sie Ihre Prioritäten auf. Jene, welche die Familie einschließen, sollten Sie mit dieser gemeinsam festlegen. Arbeiten Sie einen Aktionsplan zur Realisierung Ihrer Prioritäten aus.
3. Merken Sie sich für die Zukunft ein Datum vor, an dem Sie dieses Kapitel zur erneuten Überprüfung Ihrer Prioritäten noch einmal durchgehen.

12
Entfalten Sie
Ihr volles Potential

Am 25. Mai 1961 stellte Präsident John F. Kennedy die Vereinigten Staaten vor eine der ehrgeizigsten Herausforderungen, der sich ein Land je gegenübersah. Vor dem Plenum des Kongresses der Vereinigten Staaten erklärte er: „Ich glaube, diese Nation sollte sich die Aufgabe stellen, vor Ende dieses Jahrzehnts einen Mann auf dem Mond landen und ihn sicher zur Erde zurückkehren zu lassen."

Einen Mann auf den Mond und zurück zu schicken hielten die meisten Leute für unmöglich. Es war etwas, das ins Reich der Science-fiction gehörte und – wie „jeder wußte" – mit der Realität nichts zu tun haben konnte.

Wie wir jetzt wissen, ist es nicht nur so gekommen – es hat nach Kennedys Rede nur acht Jahre und 56 Tage gedauert. Am 20. Juni 1969 wurde Neil Armstrong der erste Mensch, der seinen Fuß auf den Mond setzte. Und selbstverständlich kehrten er und seine Kameraden sicher zur Erde zurück.

Das menschliche Erfolgspotential

Der Ausflug des Menschen zum Mond und zurück demonstriert mehrerlei:

▷ Weltraumreisen zu einigen anderen Himmelskörpern sind möglich,
▷ Unglaubliches kann erreicht werden, wenn eine ganze Nation hinter einem Ziel steht,
▷ das Potential menschlicher Leistungsfähigkeit ist nahezu grenzenlos.

In den letzten beiden Jahrzehnten hat die Welt eine Explosion der technischen Entwicklung erlebt. Jeder Tag bringt phänomenale Entdeckungen und Erfindungen.

Kürzlich las ich zum Beispiel von Vorversuchen für einen neuen Flugzeugtyp. Halb konventionelles Düsenflugzeug, halb Raumschiff, wird es *Trans-Atmospheric Vehicle* genannt. Es soll in „niedriger" Höhe fliegen wie unsere heutigen Düsenflugzeuge oder in fast 120 Kilometer Höhe am Rande des Weltraums.

Dieses „Flugzeug" könnte in *zwölf Minuten* von New York nach Frankfurt fliegen, in *30 Minuten* von Los Angeles nach Australien und in *90 Minuten* rund um die Welt! Wenn das Flugzeug, wie erwartet, in den 90er Jahren in die Luft geht, wird es das Reisen revolutionieren – und die Umrundung der Erde zu einem Sonntagnachmittagsausflug schrumpfen lassen.

Sowohl das Alte Testament (1. Mose 11,6) als auch das Neue (Matthäus 17,20) sagen, daß der Mensch alles erreichen kann, was Gott erlaubt. Christus bestätigt die Rolle, die der Glaube dabei spielen kann, wenn er sagt: „Wenn euer Glaube nur so groß wäre wie ein Senfkorn, könntet ihr zu dem Berg sagen: ‚Rücke von hier dorthin!‘, und es würde geschehen. Nichts würde euch unmöglich sein!" (Matthäus 17,20).

Ich habe nie Hebräisch oder Griechisch gelernt, aber es kommt mir vor, als meine Gott wirklich *nichts*, wenn er sagt: „Nichts ist unmöglich." Gott hat in uns unbegrenzte Möglichkeiten geschaffen.

Die Rolle Ihrer Einstellung bei der Entfaltung Ihres Potentials

In Kapitel 8 habe ich den Einfluß unserer Einstellungen bei der Überwindung unserer Fehlschläge behandelt. Unsere Einstellung ist nicht weniger wichtig, wenn es um die Entfaltung unseres vollen Potentials geht.

Ihre Einstellung zu Gott, zu sich, zu Ihren Fähigkeiten ist der Schlüssel für das, was Sie im Leben erreichen werden. Beachten Sie die Weisheit aus den Sprüchen: „Wie im Wasser das Gesicht dem Gesicht entspricht, so das Herz des Menschen dem Menschen" (27,19; Elberfelder).

Die Geschichte gibt uns unzählige Beispiele von Menschen, die große Hindernisse überwunden und Großes erreicht haben, weil ihre Einstellung richtig war. Ein ägyptischer Fellachenjunge zum Beispiel wurde Offizier in der ägyptischen Armee – wo er fälschlicherweise des Verrats beschuldigt und ins Gefängnis geworfen wurde. Nach mehreren Jahren in der Zelle wurde er Präsident von Ägypten – Anwar El Sadat.

Sadat hätte alle Hoffnung aufgeben können wegen seiner Gefängisvergangenheit, aber er tat es nicht. Er glaubte daran, daß er seinem Land etwas zu geben hatte, und diese Einstellung trug ihn bis ganz nach oben.

Albert Einstein fiel durchs Universitätsexamen, aber das konnte ihn nicht aufhalten. Er entwickelte seine Relativitätstheorie und wurde schließlich als einer der größten Denker der Geschichte angesehen.

Wenn wir meinen, es könne uns etwas nicht gelingen, erreichen wir auch nichts. Wenn wir daran glauben, daß wir etwas können, werden wir auch einen Weg finden. An einem Punkt unserer Erfolgskurve kommen die meisten von uns zu dem Schluß: „Ich kann mir nicht vorstellen, daß mir *das* jemals gelingt!" Daher hören wir auf mit unseren Bemühungen. Es ist aber viel besser, weit zu zielen und ein bißchen kürzer zu schießen, als überhaupt nicht zu schießen und nichts zu treffen.

Als ich zum Beispiel an der Universität meine Examensarbeit fertigstellte, sagte mir ein Freund, daß eine Hochschule in Montana jemanden suche, der ein großes, von der amerikanischen Bundesregierung finanziertes Erziehungsprogramm leiten sollte. In der Ausschreibung mit den Anforderungen las ich, daß sie jemanden mit einem Doktorgrad suchten.

Mein Freund und ich hatten nur den Magistergrad, aber wir suchten in Montana eine Stellung im höheren Erziehungswesen. Als ich meinen Freund fragte, ob er vorhabe, sich um den Job zu bewerben, sagte er: „O nein! Sie würden mich niemals nehmen. Sie suchen doch jemanden mit einem Doktorgrad."

Ich sagte ihm, ich würde ihnen eine Kurzbewerbung schicken, schlimmstenfalls könnten sie nur sagen, ich sei nicht genügend qualifiziert. Mein Freund meinte, die Briefmarke wäre eine Verschwendung. „Vermutlich antworten sie dir nicht einmal", meinte er und lachte spöttisch.

Ich schickte die Kurzbewerbung trotzdem los. Ein paar Tage danach erhielt ich einen Anruf. Sie sagten, daß ich für die Stellung, für die ich mich beworben hätte, nicht ausreichend qualifiziert sei. Aber ob ich mich dafür interessiere, in ihrer Erziehungsabteilung ein kleineres Bundesprogramm zu leiten – dafür sei nur der Magistergrad erforderlich.

Zwei Wochen später arbeitete ich bereits in der neuen Stelle in Montana.

Als ich meinem Freund von meiner neuen Position und dem Gehalt erzählte, ließ er den Kopf hängen. Er hatte nämlich gerade einen Vertrag unterschrieben für eine Lehrerstelle an einer Mittelschule, für das halbe Gehalt. Dabei hatte er bessere Noten als ich und bereits Erfahrung mit Bundesprojekten; wenn er sich beworben hätte, wäre er vermutlich mir vorgezogen worden. Aber seine Einstellung hatte ihm im Weg gestanden.

Nochmals: Es ist viel besser, zu hoch zu zielen und ein bißchen kürzer zu schießen, als überhaupt nicht zu schießen und nichts zu treffen. Wie hoch wir unsere Ziele stecken, wird von unserer Einstellung bestimmt.

Auf Gott hören ist wichtig

Wir haben bereits Beispiele von Leuten gesehen, die aus eigenem Antrieb Großes erreicht haben. Aber ohne Gott erreicht niemand sein volles Potential. Jemand mag vielleicht ein großes, lukratives Geschäft aufbauen. Er mag Trendsetter auf seinem Gebiet werden. Aber niemals wird er ohne eine enge Beziehung zu Gott alles werden, was er könnte.

Paulus hat das erkannt. Aus diesem Grund konnte er sagen: „Das alles kann ich durch Christus, der mir Kraft und Stärke gibt" (Philipper 9,23). Paulus wußte, daß es nichts gab, das er nicht mit Gottes Hilfe erreichen könnte.

Christus selbst hat diese Aussage des Paulus bestätigt: „Alles ist möglich, wenn du mir vertraust" (Markus 9,23).

Wenn wir eine persönliche Beziehung zu Gott entwickeln, wird uns diese Macht verfügbar. Er spricht zu uns. Leider sind jedoch die meisten von uns zu beschäftigt mit Alltagsdingen, als daß wir auf Gott hören könnten, wenn er uns produktiver machen will. Es ist, wie mein Freund Russ Johnston sagt: „Die meisten von uns stecken ihre Köpfe so tief in ihre eigenen Ideen und Aktivitäten, daß sie eine Hörhilfe bräuchten, um Gott hören zu können."

Wenn wir erwarten, unser volles Potential zu entwickeln, müssen wir lernen, auf Gott zu hören. „Rufe zu mir, so will ich dir antworten und dir große und unbegreifliche Dinge kundtun, die du nicht wußtest" (Jeremia 33,3). Gott will nicht nur zu uns sprechen, er möchte uns auch Großes offenbaren.

Der Geschäftsmann Jack Thompson hat das durch Erfahrung gelernt. Er war Besitzer eines Mästerei- und Fleischgeschäfts. Eine Gruppe von Geschäftsleuten trat an ihn heran, er solle für sie eine große Mästerei bauen, mehrmals so groß wie die, die er schon seit Jahren betrieb. Marktuntersuchungen zeigten, daß das Projekt infolge der steigenden Rindfleischpreise rasch amortisiert sein würde. Außerdem hatten diese Leute bereits einen Käufer für das Rindfleisch gefunden.

„Der Deal nahm sich wirklich gut aus", sagte Jack später.
„Sie waren bereit, in das Projekt zu investieren, und es
schien, als ob wir alle eine Menge Geld machen könnten.
Ich sagte ihnen, ich müsse zuerst darüber beten, bevor ich
ihnen eine definitive Antwort geben könne. Aber ich ließ
durchblicken, daß ich die Sache sehr positiv beurteilte."

Jack ging nach Hause und betete um Leitung. „Ich
wachte mitten in der Nacht auf mit dem deutlichen Gefühl,
ich sollte das Geschäft ablehnen", erinnerte er sich. „Ich
konnte nicht begreifen, weshalb Gott nicht wollte, daß ich
das Projekt durchführe, mit dem ich in ein paar Jahren
mehr Geld verdienen würde als im letzten Jahrzehnt!"

Jack schüttelte den Kopf: „Noch nie ist mir etwas so
schwer gefallen, wie diesen Leuten abzusagen. Aber ich
danke Gott, daß ich auf ihn gehört habe – denn binnen Jahresfrist sank der Fleischmarkt ins Bodenlose, und ich hätte
alles verloren, was ich hatte."

Jack hat durch diese Erfahrung ein wichtiges Prinzip entdeckt: „Ich habe gelernt, daß es sich auszahlt, auf Gott zu
hören, auch dann, wenn die Zahlen dagegen sprechen!
Gott kennt die Zukunft, aber ich nicht. Und solange ich auf
ihn höre, dient es mir immer zu meinem Besten."

Unser Erfolgspotential ist direkt proportional zu unserer
Fähigkeit, die rechte Entscheidung zu treffen. Aus diesem
Grund hat der Christ ein größeres Erfolgspotential als der
Nichtchrist; wenn der Christ nur auf Gott hört, kann er die
richtige Entscheidung treffen. Gott weiß nicht nur, was in
der aktuellen Situation das beste ist; er weiß es auch in bezug auf die Zukunft.

Die beste Marktanalyse der Welt kann es nicht mit der
Präzision aufnehmen, mit der Gott die Zukunft vorher-
sieht. Das ist der Grund, weshalb es so wichtig ist, auf Gott
zu hören – und nicht nur auf die Wall Street.

Wir sollten Gott nicht nur anhören, sondern auch handeln, wenn er es uns befiehlt. Sein Timing ist perfekt.

Art Fowler ist ein Freund, dem diese Wahrheit vertraut
ist. Er ist Psychologe und lebt in Colorado. Bei einer Tasse

Kaffee erzählte er mir: „Weißt du, ich habe am eigenen Leib gelernt, daß es sich auszahlt, immer auf den Herrn zu hören."

Dann berichtete er mir, wie er einige Wochen zuvor eingeladen worden war, in Mosa im Staat Arizona ein Seminar abzuhalten. Vor dem Seminar mußte er aber noch nach Denver. Als er die Fahrt in die hochgelegene Stadt antreten wollte, spürte er plötzlich, daß Gott wollte, daß er den Bus nehmen sollte statt den eigenen Wagen. Ihm kam das merkwürdig vor, und er wollte sich diesen Gedanken aus dem Kopf schlagen. Aber es gelang ihm nicht. „Ich kann es mir nicht erklären", sagte er später, „aber ich fühlte mich fast getrieben, den Bus zu nehmen." Obwohl er ständig hin und her überlegte, nahm er schließlich den Bus.

Auf dem Weg nach Denver saß Art direkt hinter dem Fahrer und fing mit ihm eine Unterhaltung an. Als ihm Art von dem Seminar der nächsten Woche in Mesa erzählte, erfuhr er, daß der Fahrer schon oft in Mesa gewesen war. Sein Bruder lebte dort.

Art erfuhr den Namen dieses Bruders. In Mesa rief er ihn dann an, stellte sich vor und verabredete sich mit ihm.

„Der Mann wollte mich nicht treffen", erzählte Art, „ich mußte ihn nicht weniger als dreimal anrufen, bevor er zu einer Tasse Kaffee bereit war."

Sie trafen sich, Art erklärte ihm noch einmal, er sei Fachberater und Therapeut in Sachen beruflicher Streß. Der Mann erzählte Art, er sei Geschäftsmann und Pilot und erlebe selbst beruflich und privat eine ganze Menge Streß.

„Ich fing an, mit ihm über Gott zu reden und darüber, daß er die Antwort auf seine Probleme sei", sagte Art. Und da fing der Mann an zu weinen.

„Wenn Sie mich an einem anderen Tag angerufen hätten als heute, hätte ich Ihnen niemals zugehört", sagte der Mann. „Aber ich habe so viele Probleme, daß ich etwas unternehmen muß, sie zu lösen."

Bevor sie aus dem Café gingen, beugte der Mann seinen Kopf und nahm Jesus Christus als seinen Retter an. Nach dem Beten sagte der Mann: „Meine Frau hat jahrelang für mich gebetet. Und sie wollte nicht, daß ich Sie heute treffe. Mann, ich kann es kaum erwarten, ihr zu sagen, daß Gott Sie als Erhörung ihrer Gebete geschickt hat."

Wenn Art Fowler nicht auf Gott gehört und nicht den Bus nach Denver genommen hätte, sondern den eigenen Wagen, hätte er nicht den Busfahrer getroffen, und dessen Bruder in Mesa auch nicht. Während Art sich entschied, auf Gott zu hören und den Bus zu nehmen, drängte Gott die Frau des Mannes, für ihren Mann zu beten. Und während sie betete, arrangierte Gott Situationen, die ihn bereit machten, auf das Evangelium zu hören, als Art ankam.

Ist es nicht erstaunlich, wie Gott einem Mann in Colorado sagt, er solle im Bus nach Denver fahren, um damit das Gebet einer Frau in Arizona zu erhören?

Während Art diese Geschichte erzählte, saß ich da und überlegte, wie viele Gelegenheiten ich wohl schon versäumt hatte. Wie viele Menschen hatte ich im Stich gelassen, weil ich zu beschäftigt war, um Gott zuzuhören? Jack Thompson und Art Fowler sind lebende Beweise dafür, daß wir viel mehr erreichen können, wenn wir auf Gott hören und nicht auf uns und die anderen.

Art ist ein Paradebeispiel dafür, wie Gott ein Geschäft dazu benutzen kann, sein Werk zu vollbringen – wenn wir nur auf unseren Mehrheitsgeschäftspartner hören. Gott benutzte das Geschäft für Art, damit dieser das geistliche Geschäft für Gott besorgen konnte. Sie können nirgendwo ein besseres Beispiel für Teamwork finden.

Bitten Sie Gott um Erweiterung Ihrer Visionen

Wie groß sind Ihre Träume? Was wollen Sie im Leben wirklich erreichen? Um zur Entfaltung Ihres vollen Potentials zu kommen, müssen Sie anfangen, es so zu sehen, wie Gott es sieht. Wir haben in einem früheren Kapitel Epheser 3,20 betrachtet, aber wir müssen unsere Aufmerksamkeit noch einmal darauf lenken:

„Gott aber kann viel mehr tun, als wir von ihm erbitten oder uns auch nur vorstellen können. So groß ist seine Kraft, die in uns wirkt."

In diesem Vers fordert uns Gott heraus, unsere Visionen und unseren Glauben auszuweiten und ihm Größeres zuzutrauen.

Ein Freund, Marv Heidelburg, kauft und verkauft Immobilien. Er erzählte mir: „Ich hatte Gott immer gebeten, mir zu helfen, heruntergekommene Häuser zu finden, die ich dann für ein paar tausend Dollar kaufte, renovierte und mit einem schönen Profit wieder verkaufte. Ich habe damit lange Jahre ein gutes Auskommen gehabt."

Er lächelte verschmitzt, als er weiter erzählte: „Dann las ich eines Tages Epheser 3,20, und es wurde mir bewußt, daß es Gott nichts ausmacht, ob ich um eine alte Bruchbude bete oder um einen alten Apartmentkomplex, er hat genug Macht für beides."

Heute kauft Marv große heruntergewirtschaftete Gewerbekomplexe und Einkaufszentren, saniert sie, sucht neue Pächter und verkauft sie dann. „Es ist nur eine Frage der Nullen", erzählte er mir, „für Gott gibt es kein Limit bei der Anzahl der Nullen, mit denen er umgehen kann. Es hängt nur alles davon ab, für wie viele *ich* den Glauben habe."

Wollen Sie Ihr volles Potential in der Wirtschaft und außerhalb entfalten? Dann fangen Sie an, über Epheser 3,20 nachzudenken und Gott zu bitten, Ihre Vision des Möglichen auszuweiten. Sie sind nur durch die Größe Ihrer Vision begrenzt – und dadurch, wieviel Sie Gott zutrauen wollen.

Kriegen Sie in Ihr Herz, was Gott in seinem hat

Wenn Sie Ihr volles Potential entfalten wollen, müssen Sie gewillt sein, sich mit Gott zusammenzuschließen. Er darf nicht nur dem Namen nach Ihr Mehrheitspartner im

Geschäft sein. Er muß wirklich den „Stichentscheid" bei ihnen *und* in Ihrem Geschäft haben.

Weil Gottes erste Priorität die Menschen sind, müssen auch Sie ein Herz für die Menschen bekommen. Wenn Sie Gott in Ihrem Leben und Ihrem Geschäft den ersten Rang zuweisen, dann stellen Sie die Interessen anderer über Ihre eigenen.

Es ist unmöglich, Gott zu dienen und nicht zugleich auch den Menschen.

„Denn als ich hungrig war, habt ihr mir zu essen gegeben. Als ich Durst hatte, bekam ich von euch etwas zu trinken. Ich war ein Fremder bei euch, und ihr habt mich aufgenommen. Ich war nackt, ihr habt mir Kleidung gegeben. Ich war krank, und ihr habt mich besucht. Ich war im Gefängnis, und ihr seid zu mir gekommen" (Matthäus 25,35-40).

Auf den Mond zu gehen ist nicht annähernd so eine große Leistung wie auf Gott zu hören und die Gute Nachricht über Jesus zu einem Mann in Mesa, Arizona, zu bringen. Die Konstruktion eines Flugzeuges, das in zwölf Minuten von New York nach Frankfurt fliegen kann, gefällt Gott nicht annähernd so sehr wie die Bitte eines Viehmästers um Leitung und sein Gehorsam.

Als christliche Geschäftsleute haben Sie und ich ein unerschöpfliches Potential. Aber es kommt nur dann zur Entfaltung, wenn wir auf Gott und sein Wort hören – statt auf die Stimmen der Geschäftswelt.

Zusammenfassung

Jesus hat gesagt: „Alles ist möglich, wenn du mir vertraust" (Markus 9,23). Die Bibel macht deutlich, daß die Menschen über ein unbegrenztes schöpferisches Potential verfügen. Der moderne technische Fortschritt beweist das.

Der Christ hat aber noch ein größeres Erfolgspotential

als der Nichtchrist, weil er Gott hat, der ihn führt und beschützt. Gott möchte unsere Pläne und Entscheidungen leiten – aber nur, wenn wir gewillt sind, auf ihn zu hören.

Außerdem müssen wir eine positive Einstellung zu uns und unseren Fähigkeiten haben. Es ist besser, weit zu zielen und ein bißchen kürzer zu schießen, als überhaupt nicht und alles zu verfehlen.

Wenn wir unser volles Potential entfalten wollen, müssen wir Gott bitten, unsere Visionen dessen, was wir erreichen können, auszuweiten. Paulus sagt uns: „Gott aber kann viel mehr tun, als wir von ihm erbitten oder uns auch nur vorstellen können. So groß ist seine Kraft, die in uns wirkt" (Epheser 3,20).

Dieser Vers macht Gottes Wunsch nach Ausweitung unseres Glaubens und Denkens sehr deutlich. Er möchte, daß wir uns bewußt werden, wieviel Kraft er uns zur Verfügung stellt, damit wir unser volles Potential – im Geschäftsleben und überhaupt – entfalten können.

Persönliche Nutzanwendung

1. Was ist Ihre Einstellung zu sich selbst, zu Gott und zu Ihrem Erfolgspotential? Lesen Sie 1. Mose 11,6, Matthäus 17,20 und Markus 9,23. Welchen Anstoß geben Ihnen diese Verse für Ihre Vision auf mögliche Erfolge?
2. Wieviel Zeit verwenden Sie jeden Tag darauf, mit Gott über Ihre Pläne und Entscheidungen zu reden? Wieviel Zeit darauf, Gott zuzuhören? Reicht sie aus, oder benötigen Sie mehr dafür?
3. Betrachten Sie Epheser 3,20. Überprüfen Sie Ihre augenblicklichen Geschäftsziele, und fragen Sie Gott, ob Sie sie im Licht dieses Verses nicht ausweiten sollten. Tun Sie, was immer er Ihnen sagt.

Schluß

In den letzten Jahren habe ich immer gesagt: *„Wenn Sie wissen wollen, wie die Christenheit in zehn Jahren aussieht, dann sehen Sie sich an den Straßenecken der heutigen Geschäftswelt um!"* Leider wird diese Behauptung jeden Tag mehr Realität. Es wird immer schwerer, zwischen Geschäftsphilosophie und Praxis von Christen und von Nichtchristen zu unterscheiden.

Es war nicht leicht, dieses Buch zu schreiben. Ich habe versucht, Sie und mich herauszufordern, aus unserer Selbstgefälligkeit – ja, Apathie – aufzuwachen und uns mit einigen der kraftvollsten biblischen Aussagen und Grundsätze auseinanderzusetzen, die sich auf christliche Geschäftsleute in der heutigen Geschäftswelt beziehen.

Am Anfang des Buches hatte ich die Vermutung geäußert, daß ich für einige von Ihnen vielleicht mehr Fragen aufwerfe, als ich beantworte. Ich hoffe jetzt, daß es nicht so war. Ich bin mir jedoch bewußt, daß viele Punkte noch mit viel Gebet betrachtet werden müssen. Ich hoffe aufrichtig, Sie suchen zu jedem in diesem Buch erörterten Thema Gottes Einstellung und Willen für sich und Ihr Geschäft und übernehmen nicht einfach nur das Wort jenes Managementberaters aus Colorado Springs.

Dreizehn Jahre bin ich kreuz und quer durch die Vereinigten Staaten gereist und habe für alle möglichen Arten von Unternehmen und Organisationen Managementberatung gemacht und Managementseminare abgehalten. Es war ermutigend, so vielen Christen in der Geschäftswelt zu begegnen. Aber ebenso entmutigend war es – und manchmal geradezu niederdrückend –, so wenige christliche Geschäftsleute zu erleben, die biblische Geschäftsgrundsätze in ihrem Teil der Geschäftswelt anwenden.

In den letzten Jahren scheint es eine geistliche Erwekkung unter christlichen Geschäftsleuten zu geben. Das

Interesse und das Bedürfnis wachsen, Gottes Geschäftsgrundsätze im Alltag anzuwenden.

Im ganzen Land fangen einzelne und kleine Gruppen an, aus ihren Lagerhäusern, Produktionsabteilungen und Büros herauszukommen und zu lernen, der verlorenen und frustrierten Geschäftswelt das Licht zu bringen. Viele dieser kleinen Gruppen gedeihen zu Organisationen mit engagierten Führern.

Ich bete aufrichtig, daß Gott Sie und Ihr Geschäft gebraucht, für ihn ein beständiger Impuls in der Geschäftswelt zu sein.

Myron Rush

Mitarbeiter führen – der biblische Weg

Der Mangel an Leitern und an effizienter Führung
in christlichen Gemeinden, Organisationen und
Unternehmen ist alarmierend. Er wird sich noch
verstärken, wenn Sinn und Zweck von Führung
nicht neu überdacht werden. Ein überzeugendes,
biblisch begründetes Konzept ist notwendig, um
der Auffassung entgegenzuwirken, effiziente
Führung bedeute hauptsächlich, daß jemand eine
Führungsposition innehat.
Der Autor von „Management – der biblische Weg"
legt mit diesem Buch auch eine umfassende
Alternative zum Thema „Mitarbeiterführung" vor;
es ist ein praktisches Arbeitshandbuch, das bei der
Leitung von Menschen dienen und außerdem
helfen soll, aus Mitarbeitern Leiter zu machen.

Aus dem Inhalt:
- Die Eigenschaften eines effizienten Leiters
- Der Preis effizienter Führung
- Die Schaffung eines starken Teams
- Die Kunst des Motivierens

Myron Rush ist Gründer und Präsident von
„Management Training Systems", einem
Unternehmen, das sich auf Beratung und
maßgeschneidertes Training von christlichen
Organisationen und anderen Betrieben
spezialisiert hat.

Gebundene Ausgabe, 160 Seiten
Bestell-Nr. 15111

Mark Porter

Zeit planen – sinnvoll leben

Zeit ist Geld?
Zeit ist mehr als Geld?
Nein, **Zeit ist Ihr Leben!**
Wie gehen Sie damit um?

Glauben Sie, Sie müßten mehr schaffen in
weniger Zeit? Der Autor ist überzeugt,
daß Sie statt dessen **das** schaffen sollten,
was Gottes Plan für Sie und Ihr Leben
vorsieht – und zwar in Ruhe und
mit Frieden im Herzen!

Aus dem Inhalt:
- Zeitplanung ist Lebensplanung.
- So erkennen Sie Ihre Begabungen.
- So finden Sie die für Ihr Leben und Ihre
  Persönlichkeit richtigen Ziele.
- So lernen Sie, Prioritäten zu setzen.
- So analysieren und planen Sie Ihre Zeit.

Gebundene Ausgabe, 260 Seiten
Bestell-Nr. 15106

Larry Peabody

Christ sein am Arbeitsplatz

So manche Quelle der Lebensfreude und
Zufriedenheit ist durch Frust am Arbeitsplatz
verstopft worden. Wer kennt sie nicht,
die Versuchungen und zweifelhaften
Kompromisse, die Probleme mit Kollegen
und Vorgesetzten und die Fragen zum
Verhältnis von Arbeit und Freizeit?

Wie geht man als Christ damit um?
Was ist zu tun, damit aus irgendeinem „Job"
eine erfüllende Arbeit und ein gesegneter
Dienst für Gott wird – und die Quellen
wieder zu sprudeln beginnen?

Gebundene Ausgabe, 160 Seiten
Bestell-Nr. 15095